Die Erfindung von YouTube
Video, Influence und Entertainment

Eine Betrachtung

von

Lutz Spilker

DIE ERFINDUNG VON YOUTUBE – VIDEO, INFLUENCE UND ENTERTAINMENT

Bibliografische Information der Deutschen Nationalbibliothek:
Die Deutsche Nationalbibliothek verzeichnet diese Publikation in der Deutschen Nationalbibliografie; detaillierte bibliografische Daten sind im Internet über http://dnb.dnb.de abrufbar.

Softcover ISBN: 978-3-384-24695-0
Ebook ISBN: 978-3-384-24696-7

© 2024 by Lutz Spilker
https://www.webbstar.de
Druck und Distribution im Auftrag des Autors:
tredition GmbH, An der Strusbek 10, 22926 Ahrensburg, Germany

Die im Buch verwendeten Grafiken entsprechen den
Nutzungsbestimmungen der Creative-Commons-Lizenzen (CC).

Sämtliche Orte, Namen und Handlungen sind frei erfunden. Ähnlichkeiten mit lebenden oder verstorbenen Personen sind daher rein zufällig, jedoch keinesfalls beabsichtigt.
Das Werk einschließlich aller Inhalte ist urheberrechtlich geschützt. Nachdruck oder Reproduktion (auch auszugsweise) in irgendeiner Form (Druck, Fotokopie oder anderes Verfahren) sowie die Einspeicherung, Verarbeitung, Vervielfältigung und Verbreitung mit Hilfe elektronischer Systeme jeglicher Art, gesamt oder auszugsweise, sind ohne ausdrückliche schriftliche Genehmigung des Autors oder des Verlages untersagt.
Alle Rechte vorbehalten.

Inhalt

INHALT 5

VORWORT 10

DIE VISION: DER BEGINN EINER IDEE - DIE GRÜNDER UND IHRE ERSTE VISION 12

DIE GRÜNDUNG: GEBURT EINER PLATTFORM - OFFIZIELLE GRÜNDUNG VON YOUTUBE IM FEBRUAR 2005 17

TECHNOLOGISCHE GRUNDLAGEN: DIE ARCHITEKTUR VON YOUTUBE - ENTWICKLUNG DER PLATTFORM UND DIE TECHNISCHEN HERAUSFORDERUNGEN 22

DIE ERSTEN VIDEOS: DER STARTSCHUSS - UPLOAD UND VERBREITUNG DER ERSTEN VIDEOS 27

DIE VIRALEN HITS: DER DURCHBRUCH - ANALYSE DER ERSTEN VIRALEN VIDEOS UND IHRER BEDEUTUNG 31

FINANZIERUNG UND WACHSTUM: INVESTOREN AN BORD - DIE ERSTE GROßE FINANZIERUNGSRUNDE UND DIE ROLLE DER INVESTOREN 37

ÜBERNAHME DURCH GOOGLE: EIN NEUER ANFANG - VERHANDLUNGEN UND DETAILS ZUR ÜBERNAHME DURCH GOOGLE IM NOVEMBER 2006 42

TECHNISCHE INNOVATIONEN: YOUTUBE WIRD ERWACHSEN - ENTWICKLUNG DER VIDEOQUALITÄT UND STREAMING-TECHNOLOGIEN 47

DIE ENTSTEHUNG DER YOUTUBER: NEUE BERUFE, NEUE STARS - MONETARISIERUNGSMÖGLICHKEITEN UND PARTNERSCHAFTSPROGRAMME 52

DIE ROLLE DER ALGORITHMEN: WIE VIDEOS ENTDECKT WERDEN - ENTWICKLUNG UND EINFLUSS DER EMPFEHLUNGSALGORITHMEN 57

YOUTUBE ALS SOZIALES NETZWERK: GEMEINSCHAFT UND INTERAKTION - DIE ROLLE DER COMMUNITY UND DER AUFBAU VON FANKULTUREN 61

BILDUNG UND INFORMATION: YOUTUBE ALS WISSENSQUELLE - ERFOLGREICHE BILDUNGS-CHANNELS UND IHRE GESCHICHTEN 67

    LERNEN LEICHT GEMACHT 67
    BILDUNG FÜR ALLE 68
    WISSENSCHAFT ZUM STAUNEN 69
    IDEEN, DIE ES WERT SIND, VERBREITET ZU WERDEN 70
    WISSENSCHAFT LEICHT GEMACHT 70
    PHYSIK IN EINER MINUTE 71
    LERNEN DURCH EXPERIMENTIEREN 72

GLOBALE EXPANSION: YOUTUBE EROBERT DIE WELT - HERAUSFORDERUNGEN UND ERFOLGE IN NEUEN MÄRKTEN 74

WERBUNG UND MONETARISIERUNG: DAS GESCHÄFT HINTER DEN VIDEOS - DIE ROLLE VON ADSENSE UND ANDEREN MONETARISIERUNGSSTRATEGIEN 79

    EIN WENDEPUNKT 79
    DER AUFSTIEG DER PARTNERSCHAFTSPROGRAMME 80
    DIE DIVERSIFIZIERUNG DER MONETARISIERUNGSSTRATEGIEN 81
    DIE ROLLE VON WERBETREIBENDEN UND MARKENPARTNERSCHAFTEN 82
    HERAUSFORDERUNGEN UND KONTROVERSEN 82
    DIE ZUKUNFT DER MONETARISIERUNG AUF YOUTUBE 83

YOUTUBE UND DIE KULTUR: EINFLUSS AUF MUSIK, FILM UND FERNSEHEN - WIE YOUTUBE DIE MEDIENLANDSCHAFT VERÄNDERT HAT 84

- Von YouTube auf die große Bühne 85
- YouTuber erobern Hollywood 86
- Neue Stars für alte Formate 87
- YouTube als Talentpool 88

KONTROVERSEN UND HERAUSFORDERUNGEN: KRITIK UND SKANDALE - MAßNAHMEN UND STRATEGIEN VON YOUTUBE ZUR BEWÄLTIGUNG DIESER HERAUSFORDERUNGEN 89

- Der Kampf um geistiges Eigentum 89
- Die Verantwortung einer globalen Plattform 91
- Schutz der jüngeren Nutzer 92
- Zusammenarbeit mit Regierungen und Organisationen 93
- Technologische Innovationen und Künstliche Intelligenz 93
- Transparenz und Kommunikation mit den Nutzern 94

REGULIERUNG UND ETHIK: DIE VERANTWORTUNG VON YOUTUBE - ETHIK UND SELBSTREGULIERUNG IM UMGANG MIT PROBLEMATISCHEN INHALTEN 95

- Die ethische Grundlage von YouTube 96
- Ein dynamischer Prozess 97
- Ethik in der Moderation 97
- Herausforderungen der Ethik und Selbstregulierung 98
- Fallstudien und ethische Dilemmata 99
- Strategien für die Zukunft 100

TECHNOLOGISCHE ZUKUNFT: INNOVATIONEN UND ENTWICKLUNGEN - VISIONEN UND PLÄNE FÜR DIE WEITERENTWICKLUNG VON YOUTUBE 101

Der Motor der nächsten Generation 102
Ein neues Zeitalter des Erlebens 103
Erweiterung der Realität 104
Sicherheit und Transparenz 104
5G und die Zukunft der Konnektivität 105
Nachhaltigkeit und soziale Verantwortung 105
Eine Zukunft voller Möglichkeiten 106

YOUTUBE UND DIE GESELLSCHAFT: EINFLUSS AUF POLITIK UND SOZIALE BEWEGUNGEN - DIE MACHT UND VERANTWORTUNG DER PLATTFORM 107

Die Demokratisierung der Medien 107
Desinformation und Extremismus 108
Ein zweischneidiges Schwert 109
Solidarität und Mobilisierung 110
Eine Plattform in der Verantwortung 111

AUSBLICK: DIE ZUKUNFT VON YOUTUBE - ZUSAMMENFASSUNG DER BISHERIGEN ENTWICKLUNG UND ERFOLGE 112

Technologische Innovation und die nächste Generation 112
Monetarisierung und wirtschaftlicher Einfluss 113
Gesellschaftlicher Einfluss und ethische Verantwortung 114
Globale Expansion und kulturelle Integration 114
Ein Blick in die Zukunft 115

ÜBER DEN AUTOR 116

IN DIESER REIHE SIND BISHER ERSCHIENEN 118

**We're not trying to entertain the world.
We're trying to help people entertain each other.**

Chad Hurley

Chad Hurley (* 24. Januar 1977 in Birdsboro, Pennsylvania) ist ein US-amerikanischer Unternehmer. Bekannt wurde er als einer der Gründer des Videoportals YouTube und MixBit, dessen Chief Executive Officer er war.

Vorwort

Herzlich willkommen zu ›Die Erfindung von YouTube‹!

In einer Welt, die zunehmend von digitalen Technologien geprägt wird, hat sich YouTube zu einer der bedeutendsten Plattformen unserer Zeit entwickelt. Es ist nicht nur ein Ort für Unterhaltung, sondern auch ein mächtiges Werkzeug für Bildung, Geschäft, Kultur und soziale Veränderung. Dieses Buch lädt Sie ein, die faszinierende Geschichte von YouTube zu erkunden – von den ersten Anfängen bis hin zu seiner heutigen globalen Präsenz.

YouTube wurde im Jahr 2005 von Chad Hurley, Steve Chen und Jawed Karim gegründet. Was als einfache Idee begann – eine Plattform, auf der Nutzer Videos teilen können – hat sich schnell zu einem revolutionären Netzwerk entwickelt, das die Art und Weise, wie wir Medien konsumieren und kommunizieren, verändert hat. In diesem Buch werden wir tief in die technischen Grundlagen eintauchen, die YouTube möglich gemacht haben, und die innovativen Technologien und Algorithmen untersuchen, die die Plattform antreiben.

Doch die Geschichte von YouTube ist mehr als nur eine Geschichte von Technologie und Geschäftserfolg. Es ist auch eine Geschichte von Menschen – von den Visionären, die die Plattform ins Leben gerufen haben, bis hin zu den unzähligen Content Creators, die sie täglich mit Leben füllen. YouTube hat eine neue Ära des kreativen Ausdrucks und der sozialen Interaktion eingeläutet. Es hat Einzelpersonen die Möglichkeit gegeben, ihre Stimmen zu erheben, Gemeinschaften zu bilden und globale Audienzen zu erreichen.

Ein weiterer zentraler Aspekt dieses Buches ist die Untersuchung der wirtschaftlichen Dimensionen von YouTube. Wir werden die Monetarisierungsmöglichkeiten und Geschäftsmodelle beleuchten, die die Plattform zu einem attraktiven Ort für Werbetreibende und Content Creators gemacht haben. Von den ersten Einnahmequellen bis hin zu den komplexen Monetarisierungsstrategien von heute – dieses Buch bietet einen umfassenden Überblick über die wirtschaftlichen Mechanismen, die hinter YouTube stehen.

YouTube hat auch tiefgreifende gesellschaftliche Auswirkungen. Es hat die Art und Weise verändert, wie wir Informationen verbreiten und konsumieren, wie wir lernen und uns unterhalten. Es hat neue Formen der Prominenz hervorgebracht und dabei geholfen, soziale Bewegungen zu unterstützen und politische Veränderungen zu beeinflussen. In diesem Buch werden wir diese kulturellen und sozialen Dimensionen von YouTube ausführlich beleuchten.

Als Leser werden Sie auf eine spannende Reise mitgenommen, die sowohl historische als auch aktuelle Perspektiven umfasst. Sie werden die Herausforderungen und Erfolge kennenlernen, die YouTube geprägt haben, und die Zukunftstrends, die die Plattform weiterhin formen werden. Mit einem tiefen Einblick in die Welt von YouTube hoffen wir, dass dieses Buch nicht nur Ihr Verständnis für diese mächtige Plattform erweitert, sondern auch Ihre Begeisterung für die Möglichkeiten, die sie bietet, weckt.

›Die Erfindung von YouTube‹ ist nicht nur ein Buch über eine Technologie oder eine Plattform. Es ist ein Buch über eine kulturelle Revolution, die unser Leben nachhaltig verändert hat. Wir laden Sie ein, diese Revolution zu erkunden und die Geschichten hinter den Bildschirmen zu entdecken.

Viel Vergnügen beim Lesen!

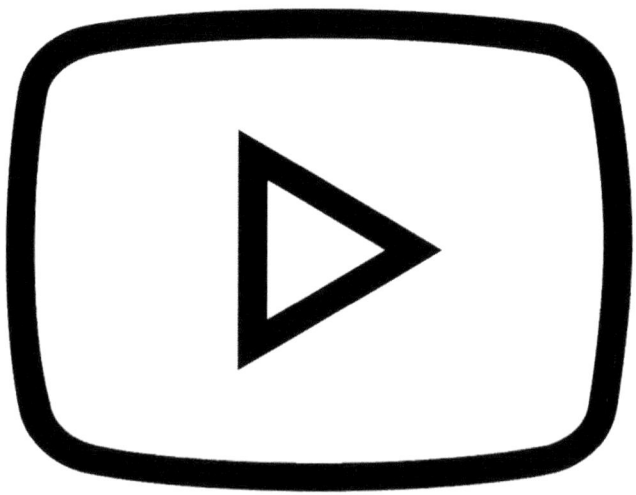

Die Vision: Der Beginn einer Idee - Die Gründer und ihre erste Vision

Im Jahr 2005 befand sich das Internet in einer Phase rasanten Wandels und Wachstums. Die Ära der sozialen Netzwerke war angebrochen, und Plattformen wie MySpace und Friendster erfreuten sich wachsender Beliebtheit. Gleichzeitig begann das Teilen von Inhalten in Form von Bildern und Texten an Bedeutung zu gewinnen. Doch ein Bereich blieb weitgehend unerschlossen: das Teilen von Videos. Zu dieser Zeit hatten drei junge Männer eine Vision, die das Potenzial hatte, die digitale Welt für immer zu verändern.

Chad Hurley, Steve Chen und Jawed Karim, die später als die Gründer von YouTube bekannt wurden, arbeiteten gemeinsam bei PayPal, dem damals aufstrebenden Online-Zahlungsdienst. Diese berufliche Zusammenarbeit schuf die Grundlage für eine starke persönliche und professionelle Verbindung zwischen den drei Innovatoren. Sie waren nicht nur Kollegen, sondern auch Freunde, die sich regelmäßig über Ideen und Möglichkeiten austauschten, das Internet zu verbessern und zu revolutionieren.

Die Inspiration für YouTube kam aus verschiedenen Quellen und persönlichen Erlebnissen. Eine oft erzählte Anekdote besagt, dass die Idee für YouTube während einer Dinnerparty im Jahr 2004 geboren wurde. Chad Hurley und Steve Chen wollten ein Video teilen, das bei dieser Veranstaltung aufgenommen worden war, hatten jedoch Schwierigkeiten, eine geeignete Plattform dafür zu finden. Diese frustrierende Erfahrung ließ in ihnen den Gedanken reifen, eine benutzerfreundliche Plattform zu schaffen, auf der jeder leicht Videos hochladen und teilen konnte.

Jawed Karim hatte eine zusätzliche Inspirationsquelle: die Tsunami-Katastrophe im Indischen Ozean im Dezember 2004. Karim war beeindruckt von der schnellen Verbreitung von Amateurvideos der Katastrophe und erkannte das Potenzial, wie solche Ereignisse durch Videoaufnahmen dokumentiert und global geteilt werden könnten. Diese Beobachtungen führten zu der Überzeugung, dass es einen enormen Bedarf an einer Plattform gab, die das Hochladen und Teilen von Videos für jedermann zugänglich machen würde.

Mit diesen Ideen im Hinterkopf begannen Hurley, Chen und Karim, an ihrer Vision zu arbeiten. Sie wollten eine Plattform schaffen, die einfach zu bedienen war und die es Menschen ermöglichte, Videos ohne technische Hürden zu teilen. Dabei war ihnen bewusst, dass sie eine Lösung für mehrere Probleme finden mussten: die technische Herausforderung des Video-Streamings, die Benutzerfreundlichkeit der Plattform und die Schaffung einer Community, die sich aktiv beteiligen würde.

Im Februar 2005 gründeten sie offiziell YouTube, und ihre Arbeit begann ernsthaft. Chad Hurley, ein talentierter Designer, konzentrierte sich auf die Gestaltung der Benutzeroberfläche und das Branding. Steve Chen, der über umfassende technische Kenntnisse verfügte, übernahm die Entwicklung der Plattform und die Lösung der technischen Herausforderungen. Jawed Karim, der sich auf die Benutzererfahrung und die Community-Aspekte konzentrierte, trug maßgeblich dazu bei, die Plattform benutzerfreundlich und attraktiv zu gestalten.

Die ersten Schritte zur Verwirklichung ihrer Vision waren nicht einfach. Die Gründer mussten sicherstellen, dass die Plattform in der Lage war, eine große Menge an Videos zu hosten und gleichzeitig eine hohe Qualität und Geschwindigkeit beim Streaming zu gewährleisten. Sie entwickelten innovative Lösungen für die Komprimierung und das Streaming von Videos, die es den Nutzern ermöglichten, Inhalte schnell und effizient hochzuladen und zu teilen.

Ein weiterer wichtiger Aspekt war die Schaffung einer einladenden und unterstützenden Community. Die Gründer wussten, dass der Erfolg von YouTube nicht nur von der Technologie, sondern auch von den Menschen abhängen würde, die die Plattform nutzten. Sie entwickelten Funktionen, die die Interaktion und das Engagement förderten, wie Kommentare, Bewertungen und Abonnements, die es den Nutzern ermöglichten, sich zu vernetzen und Gemeinschaften rund um gemeinsame Interessen zu bilden.

Die Vision von YouTube war es, eine Plattform zu schaffen, die demokratisiert und die Macht des Videos in die Hände der Menschen legte. Durch die Möglichkeit, Inhalte leicht zu teilen, konnten Geschichten, Ideen und Informationen schneller und breiter verbreitet werden als je zuvor. Diese Vision wurde von den Gründern mit Leidenschaft und Entschlossenheit verfolgt, und sie arbeiteten unermüdlich daran, ihre Idee in die Realität umzusetzen.

Im Laufe der nächsten Monate und Jahre sollte sich ihre Vision als zutiefst transformativ erweisen. YouTube entwickelte sich von einer simplen Idee zu einer der einflussreichsten Plattformen der digitalen Ära, die nicht nur die Art und Weise, wie wir Videos konsumieren und teilen, revolutionierte, sondern auch tiefgreifende Auswirkungen auf Kultur, Gesellschaft und Wirtschaft hatte.

Zusammenfassung:

Dieses Kapitel gibt einen Einblick in die frühen Tage von YouTube und die inspirierenden Momente, die zur Gründung führten. Es zeigt die Leidenschaft und das Engagement der Gründer, die bereit waren, Risiken einzugehen und innovative Lösungen zu finden, um ihre Vision zu verwirklichen. Die Geschichte von YouTube ist eine Geschichte von Pioniergeist, Kreativität und der unerschütterlichen Überzeugung, dass Technologie die Welt zum Besseren verändern kann.

Die Gründung: Geburt einer Plattform - Offizielle Gründung von YouTube im Februar 2005

Im Februar 2005 wurde YouTube offiziell gegründet, ein Ereignis, das die digitale Welt für immer verändern sollte. Was als eine einfache Idee unter Freunden begann, nahm nun konkrete Formen an und entwickelte sich zu einem ehrgeizigen Start-up. Chad Hurley, Steve Chen und Jawed Karim hatten sich vorgenommen, eine Plattform zu schaffen, die es jedem ermögliche, Videos hochzuladen und zu teilen. Doch der Weg von der Vision zur Realität war mit zahlreichen Herausforderungen gepflastert.

Die drei Gründer, die sich bei PayPal kennengelernt hatten, brachten unterschiedliche Fähigkeiten und Erfahrungen in ihr neues Unternehmen ein. Hurley, der Designer, war für die Benutzeroberfläche und das Branding verantwortlich, Chen, der Ingenieur, kümmerte sich um die technische Entwicklung, und Karim, der Stratege, konzentrierte sich auf die Benutzererfahrung und die Community-Bildung. Gemeinsam bildeten sie ein starkes Team, das bereit war, Risiken einzugehen und innovative Lösungen zu entwickeln.

Zu Beginn standen sie vor der schwierigen Aufgabe, finanzielle Unterstützung für ihr Projekt zu finden. Während die Idee vielversprechend war, benötigten sie Kapital, um die Plattform aufzubauen und zu betreiben. Glücklicherweise konnten sie auf ihre Kontakte bei PayPal zurückgreifen. Einer ihrer ersten Unterstützer war Sequoia Capital, ein renommiertes Risikokapitalunternehmen, das bereits in PayPal investiert hatte. Mit einem ersten Investment von 3,5 Millionen Dollar von Sequoia Capital im November 2005 hatten die Gründer das nötige Startkapital, um ihre Vision in die Tat umzusetzen.

Die Unterstützung durch Sequoia Capital war nicht nur finanziell, sondern auch strategisch von großer Bedeutung. Die Investoren brachten wertvolle Erfahrungen und Netzwerke mit, die den jungen Unternehmern halfen, ihr Geschäft aufzubauen und zu skalieren. Michael Moritz, ein Partner bei Sequoia Capital, trat dem Vorstand von YouTube bei und bot den Gründern seine Expertise und Unterstützung an. Diese Partnerschaft war ein entscheidender Faktor für den frühen Erfolg von YouTube und half dem Unternehmen, die ersten Hürden zu überwinden.

Mit der finanziellen Unterstützung im Rücken begannen Hurley, Chen und Karim, ihre Plattform zu entwickeln und zu perfektionieren. Sie mieteten ein kleines Büro in San Mateo, Kalifornien, und arbeiteten rund um die Uhr, um ihre Vision zu verwirklichen. Ihre Leidenschaft und ihr Engagement waren unermüdlich, und sie waren entschlossen, eine Plattform zu schaffen, die die Art und Weise, wie Menschen Videos konsumieren und teilen, revolutionieren würde.

Die ersten Monate waren geprägt von intensiver Arbeit und schnellen Fortschritten. Die Gründer konzentrierten sich darauf, eine benutzerfreundliche Plattform zu entwickeln, die es jedem ermöglichte, Videos hochzuladen und anzusehen, ohne technische Hürden überwinden zu müssen. Sie entwickelten innovative Lösungen für das Video-Streaming und die Komprimierung, um sicherzustellen, dass die Videos schnell und in hoher Qualität geladen werden konnten. Diese technischen Innovationen waren entscheidend für den Erfolg von YouTube und trugen dazu bei, die Plattform von anderen Video-Websites abzuheben.

Während sie an der technischen Umsetzung arbeiteten, begannen die Gründer auch, ihre Plattform zu promoten und erste Nutzer zu gewinnen. Sie wussten, dass der Erfolg von YouTube nicht nur von der Technologie, sondern auch von der Community abhängen würde. Sie investierten viel Zeit und Energie in den Aufbau einer engagierten Nutzerbasis und förderten die Interaktion und das Teilen von Videos. Ihre Strategie zahlte sich schnell aus, und die Nutzerzahlen wuchsen stetig.

Ein wichtiger Meilenstein in der frühen Geschichte von YouTube war der Launch der Beta-Version im Mai 2005. Dieser erste öffentliche Testlauf ermöglichte es den Gründern, wertvolles Feedback von den Nutzern zu erhalten und ihre Plattform weiter zu verbessern. Die Reaktionen waren überwältigend positiv, und die Nutzer lobten die Einfachheit und Benutzerfreundlichkeit von YouTube. Diese positive Resonanz bestärkte die Gründer in ihrer Überzeugung, dass sie auf dem richtigen Weg waren.

Die Unterstützung durch Sequoia Capital und die enge Zusammenarbeit mit PayPal erwiesen sich als entscheidend für den frühen Erfolg von YouTube. Die finanzielle Unterstützung gab den Gründern die Freiheit, ihre Ideen umzusetzen und ihre Plattform kontinuierlich zu verbessern. Gleichzeitig halfen die strategischen Partnerschaften und Netzwerke, die richtigen Entscheidungen zu treffen und Herausforderungen zu meistern.

Im November 2005, nur wenige Monate nach dem offiziellen Start, sicherte sich YouTube eine zweite Finanzierungsrunde in Höhe von 8 Millionen Dollar, erneut von Sequoia Capital. Dieses zusätzliche Kapital ermöglichte es dem Unternehmen, weiter zu wachsen und seine Infrastruktur auszubauen. Die Gründer nutzten diese Mittel, um ihr Team zu vergrößern, neue Funktionen zu entwickeln und die Reichweite ihrer Plattform zu erweitern.

Die frühe Erfolgsgeschichte von YouTube ist ein beeindruckendes Beispiel für Innovation, Zusammenarbeit und Entschlossenheit. Die Gründer waren bereit, Risiken einzugehen und hart zu arbeiten, um ihre Vision zu verwirklichen. Mit der Unterstützung von Investoren und Partnern gelang es ihnen, eine Plattform zu schaffen, die die Welt des Online-Videos revolutionierte und tiefgreifende Auswirkungen auf die digitale Kultur und die Medienlandschaft hatte.

Zusammenfassung:

Dieses Kapitel beleuchtet die entscheidenden ersten Schritte, die zur Gründung von YouTube führten, und zeigt, wie wichtige Investitionen und strategische Partnerschaften den Weg für den späteren Erfolg der Plattform ebneten. Es ist eine Geschichte von Visionären, die mit Leidenschaft und Innovationsgeist eine Idee in die Realität umsetzten und damit die Welt veränderten.

Technologische Grundlagen: Die Architektur von YouTube - Entwicklung der Plattform und die technischen Herausforderungen

YouTube, wie wir es heute kennen, ist das Ergebnis intensiver technischer Innovation und Problemlösung. Die Gründer Chad Hurley, Steve Chen und Jawed Karim standen vor der gewaltigen Aufgabe, eine Plattform zu schaffen, die nicht nur benutzerfreundlich war, sondern auch die enormen technischen Anforderungen des Video-Streamings bewältigen konnte. Eine der ersten und wichtigsten Entscheidungen betraf die Wahl der Programmiersprachen und Serverinfrastrukturen, die die Grundlage für den Erfolg von YouTube bilden sollten.

Die Herausforderung begann mit der Auswahl der geeigneten Programmiersprachen. Für die Frontend-Entwicklung, also die Benutzeroberfläche, die die Nutzer direkt sehen und mit der sie interagieren, entschieden sich die Gründer für eine Kombination aus HTML, CSS und JavaScript. Diese bewährten Technologien boten die Flexibilität und Kompatibilität, die für eine breite Nutzerbasis erforderlich waren. JavaScript, insbesondere, ermöglichte es, dynamische und interaktive Elemente zu integrieren, die die Benutzerfreundlichkeit der Plattform erheblich verbesserten.

Auf der Serverseite, dem Backend, das die eigentliche Verarbeitung und Verwaltung der Daten übernimmt, fiel die Wahl auf Python. Python war zu dieser Zeit bereits bekannt für seine einfache Syntax und Lesbarkeit, was die Entwicklungszeit verkürzte und den Entwicklern ermöglichte, schnell auf Veränderungen und Herausforderungen zu reagieren. Python erwies sich als hervorragend geeignet für die schnellen Iterationen und Anpassungen, die für ein aufstrebendes Start-up wie YouTube notwendig waren. Darüber hinaus bot Python starke Bibliotheken und Frameworks, die die Entwicklung von Webanwendungen unterstützten.

Ein weiteres Schlüsselelement der YouTube-Architektur war die Datenbanktechnologie. Die Gründer entschieden sich für MySQL, eine weit verbreitete, leistungsstarke und relationale Datenbank. MySQL bot die Skalierbarkeit und Zuverlässigkeit, die erforderlich waren, um das schnelle Wachstum der Nutzerbasis zu unterstützen und die immense Menge an Daten zu verwalten, die durch das Hochladen und Ansehen von Videos generiert wurde. Mit MySQL konnten sie sicherstellen, dass die Daten effizient gespeichert und abgerufen werden konnten, was für die Performance der Plattform entscheidend war.

Während die Wahl der Programmiersprachen und Datenbanken eine solide Grundlage bildete, war die Serverinfrastruktur eine noch größere Herausforderung. In den frühen Tagen von

YouTube mussten die Gründer eine Lösung finden, um die enorme Bandbreite und Speicheranforderungen des Video-Streamings zu bewältigen. Videos erfordern große Mengen an Speicherplatz und eine effiziente Übertragung, um sicherzustellen, dass die Nutzer eine reibungslose und schnelle Erfahrung haben.

Um diesen Anforderungen gerecht zu werden, entschied sich YouTube für eine verteilte Serverinfrastruktur. Dies bedeutete, dass die Videos nicht auf einem einzelnen Server gespeichert wurden, sondern auf viele Server in verschiedenen Rechenzentren verteilt waren. Diese Strategie bot mehrere Vorteile: Sie verbesserte die Ausfallsicherheit, da der Ausfall eines Servers nicht die gesamte Plattform beeinträchtigte, und sie erhöhte die Geschwindigkeit, da die Videos von dem geografisch nächstgelegenen Server zum Nutzer gestreamt werden konnten.

Ein weiterer technologischer Meilenstein war die Implementierung eines **C**ontent **D**elivery **N**etworks (CDN). Ein CDN ist ein Netzwerk aus verteilten Servern, die Inhalte effizient und schnell an Nutzer ausliefern. Durch die Nutzung eines CDN konnte YouTube sicherstellen, dass Videos weltweit schnell und zuverlässig gestreamt werden konnten, unabhängig vom Standort des Nutzers. Dies war besonders wichtig, da die Plattform schnell international expandierte und Nutzer aus aller Welt anzog.

Die Wahl der Komprimierungs- und Streaming-Technologien war ebenfalls entscheidend. Zu Beginn setzte YouTube auf das

Flash Video-Format (FLV), das eine gute Balance zwischen Dateigröße und Videoqualität bot. Flash ermöglichte eine reibungslose Wiedergabe von Videos im Webbrowser, ohne dass die Nutzer zusätzliche Software installieren mussten. Dies trug wesentlich zur Benutzerfreundlichkeit und zur schnellen Verbreitung von YouTube bei. Später, als neue und effizientere Standards wie HTML5 und H.264 verfügbar wurden, migrierte YouTube schrittweise zu diesen Technologien, um eine noch bessere Leistung und Kompatibilität zu gewährleisten.

Die kontinuierliche Anpassung und Optimierung der Serverinfrastruktur und der Programmiersprachen waren ein fortlaufender Prozess. Die Entwickler von YouTube arbeiteten ständig daran, die Plattform zu verbessern und neue Technologien zu integrieren, um den steigenden Anforderungen gerecht zu werden. Diese Bemühungen waren notwendig, um mit dem rasanten Wachstum Schritt zu halten und den Nutzern eine erstklassige Erfahrung zu bieten.

Ein weiterer wichtiger Aspekt der technologischen Entwicklung von YouTube war die Implementierung von Algorithmen zur Videoempfehlung und -suche. Diese Algorithmen, die auf maschinellem Lernen und künstlicher Intelligenz basieren, halfen dabei, den Nutzern relevante Inhalte zu empfehlen und die Auffindbarkeit von Videos zu verbessern. Diese Technologie trug wesentlich zur Benutzerbindung und zum Erfolg der Plattform bei, da sie den Nutzern half, immer wieder neue und interessante Videos zu entdecken.

Zusammengefasst war die Wahl der Programmiersprachen und Serverinfrastrukturen für YouTube eine der wichtigsten Entscheidungen, die die Gründer trafen. Durch die Kombination bewährter Technologien mit innovativen Lösungen und kontinuierlicher Optimierung schufen sie eine Plattform, die den hohen Anforderungen des Video-Streamings gerecht wurde und gleichzeitig benutzerfreundlich und skalierbar war. Diese technologische Grundlage bildete das Rückgrat von YouTube und ermöglichte es der Plattform, zu dem globalen Phänomen zu werden, das sie heute ist.

Zusammenfassung:

Dieses Kapitel zeigt, wie technologische Entscheidungen und Innovationen die Entwicklung von YouTube prägten und die Grundlage für seinen Erfolg legten. Es ist eine Geschichte von Herausforderungen, Lösungen und dem unermüdlichen Streben nach Exzellenz, die YouTube zu einer der bedeutendsten Plattformen des digitalen Zeitalters gemacht haben.

Die ersten Videos: Der Startschuss - Upload und Verbreitung der ersten Videos

Als YouTube im Februar 2005 offiziell gegründet wurde, hatten die Gründer Chad Hurley, Steve Chen und Jawed Karim große Hoffnungen, aber keine Garantie für den Erfolg. Die Plattform, die das Teilen von Videos revolutionieren sollte, stand noch am Anfang. Der wahre Test begann jedoch mit dem Upload und der Verbreitung der ersten Videos. Diese frühen Tage waren entscheidend, um die Resonanz der Nutzer zu messen und das zukünftige Wachstum der Plattform zu bestimmen.

Eines der ersten Videos, das jemals auf YouTube hochgeladen wurde, war ›Me at the zoo‹, ein kurzes Clip von Jawed Karim, der im April 2005 im San Diego Zoo aufgenommen wurde. In diesem Video spricht Karim vor den Elefantengehegen über die Elefanten und ihre langen Rüssel. Dieses scheinbar einfache Video hatte eine tiefere Bedeutung: Es zeigte, dass YouTube als Plattform für alltägliche Erlebnisse und persönliche Geschichten dienen konnte. Das Video steht bis heute als Symbol für den Anfang von YouTube und zeigt die Zugänglichkeit und Benutzerfreundlichkeit der Plattform.

Die ersten Reaktionen auf YouTube waren vielversprechend. Nutzer waren fasziniert von der Möglichkeit, ihre eigenen Videos hochzuladen und sie mit der Welt zu teilen. Die intuitive Benutzeroberfläche und die einfache Handhabung überzeugten viele, es selbst auszuprobieren. Schon bald nach dem Upload der ersten Videos begann die Nutzerbasis von YouTube zu wachsen. Die Mundpropaganda spielte eine entscheidende Rolle in dieser frühen Phase, da begeisterte Nutzer die Plattform ihren Freunden und Familien empfahlen.

Während der ersten Monate nach dem Start erlebte YouTube ein stetiges Wachstum. Nutzer luden Videos zu verschiedenen Themen hoch: persönliche Blogs, Haustier-Videos, Musikauftritte und lustige Clips. Diese Vielfalt an Inhalten zeigte das breite Spektrum der Interessen und Möglichkeiten, die YouTube bot. Besonders bemerkenswert war die Tatsache, dass viele dieser frühen Videos eine Authentizität und Spontaneität hatten, die im traditionellen Fernsehen oft fehlte. Diese Echtheit sprach die Zuschauer an und förderte das Gemeinschaftsgefühl auf der Plattform.

Das Wachstum der Nutzerbasis brachte jedoch auch technische Herausforderungen mit sich. Die Gründer mussten sicherstellen, dass die Plattform mit der steigenden Nachfrage Schritt halten konnte. Die Serverinfrastruktur wurde kontinuierlich erweitert, um die wachsende Menge an hochgeladenen Videos und die steigenden Zugriffszahlen zu bewältigen. Diese technischen Anpassungen waren entscheidend, um die Qualität der Benutzererfahrung aufrechtzuerhalten und Ausfälle zu vermeiden.

Eine der Schlüsselstrategien, die YouTube in den ersten Monaten verfolgte, war die Einbindung von Feedback der Nutzer. Die Gründer hörten aufmerksam auf die Kommentare und Anregungen der Community und nahmen kontinuierlich Verbesserungen vor. Diese Nutzerzentrierung half dabei, das Vertrauen und die Loyalität der frühen Anwender zu gewinnen. Funktionen wie die Möglichkeit, Videos zu kommentieren, zu bewerten und zu teilen, förderten das Engagement und die Interaktion auf der Plattform.

Ein weiterer wichtiger Faktor für das frühe Wachstum von YouTube war die virale Verbreitung von Inhalten. Einige Videos wurden schnell zu Internetphänomenen und zogen Millionen von Zuschauern an. Diese viralen Hits halfen nicht nur, die Plattform bekannter zu machen, sondern zeigten auch das enorme Potenzial von YouTube als Medium für die Massenkommunikation. Nutzer begannen zu erkennen, dass sie über YouTube ein großes Publikum erreichen konnten, was zu einer Welle von kreativen und originellen Inhalten führte.

Die Unterstützung durch Sequoia Capital spielte weiterhin eine wichtige Rolle in dieser Wachstumsphase. Die zusätzlichen finanziellen Mittel ermöglichten es YouTube, ihre Infrastruktur auszubauen und neue Funktionen zu entwickeln. Gleichzeitig half die strategische Beratung durch erfahrene Investoren, die richtigen Entscheidungen zu treffen und das Unternehmen auf Erfolgskurs zu halten.

Bis Ende 2005 hatte YouTube bereits eine beträchtliche Anzahl von Nutzern und Videos angezogen. Die Plattform entwickelte sich von einem experimentellen Start-up zu einem ernstzunehmenden Player im Bereich der Online-Videos. Das wachsende Interesse von Medien und Investoren spiegelte die zunehmende Bedeutung von YouTube wider. Die Gründer waren sich bewusst, dass sie etwas Außergewöhnliches geschaffen hatten, das das Potenzial hatte, die Art und Weise, wie Menschen Videos konsumieren und teilen, grundlegend zu verändern.

Die Reaktionen der Nutzer und das rasante Wachstum in den ersten Monaten zeigten, dass YouTube eine Marktlücke gefüllt hatte. Die Plattform bot eine einzigartige Kombination aus Benutzerfreundlichkeit, Zugänglichkeit und einer breiten Palette von Inhalten, die Menschen aus verschiedenen Teilen der Welt ansprach. Diese Mischung war der Schlüssel zum frühen Erfolg von YouTube und legte den Grundstein für die zukünftige Entwicklung der Plattform.

Zusammenfassung:

In diesem Kapitel haben wir einen Blick auf die Anfänge von YouTube und die ersten Videos geworfen. Es ist faszinierend zu sehen, wie eine einfache Idee, unterstützt von technischer Innovation und einer leidenschaftlichen Community, zu einem globalen Phänomen werden konnte. Die Geschichte von YouTube in den ersten Monaten ist eine Geschichte von Kreativität, Engagement und der unaufhaltsamen Macht des Internets, Menschen zu verbinden und zu inspirieren.

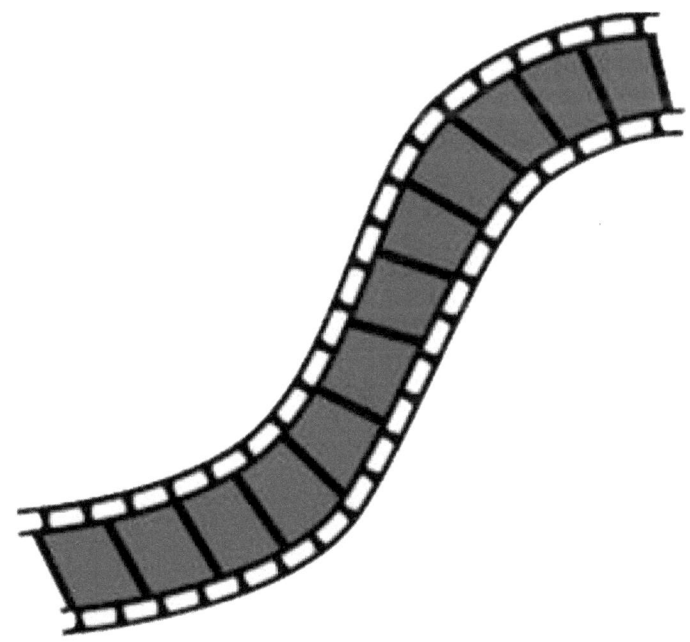

Die viralen Hits: Der Durchbruch - Analyse der ersten viralen Videos und ihrer Bedeutung

In den frühen Tagen von YouTube war die Plattform ein Experimentierfeld, auf dem Nutzer ihre Kreativität ausleben konnten. Was niemand vorhersehen konnte, war das Phänomen der viralen Videos – Clips, die sich wie ein Lauffeuer verbreiten und Millionen von Menschen erreichen würden. Diese viralen Hits spielten eine entscheidende Rolle dabei, YouTube populär zu machen und die Plattform als das zentrale Hub für Video-Inhalte zu etablieren.

Eines der frühesten und bekanntesten viralen Videos auf YouTube war ›Evolution of Dance‹ von Judson Laipply. Hochgeladen im April 2006, zeigt das Video Laipply, einen Motivationsredner und Komiker, der eine humorvolle Tanz-Performance bietet, die verschiedene Tanzstile und -schritte aus mehreren Jahrzehnten präsentiert. Innerhalb kürzester Zeit wurde das Video millionenfach angesehen, geteilt und kommentiert. ›Evolution of Dance‹ zeigte nicht nur die Leistungsfähigkeit der Plattform, sondern auch, wie ein gut gemachtes, unterhaltsames Video die Aufmerksamkeit der Massen auf sich ziehen konnte.

Ein weiteres prägendes Beispiel ist das Video ›Lazy Sunday‹, ein Digital Short der TV-Show Saturday Night Live, der im Dezember 2005 auf YouTube hochgeladen wurde. Dieser Clip, eine humorvolle Rap-Performance über einen entspannten Sonntag in New York, ging sofort viral. Obwohl das Video später aufgrund von Urheberrechtsansprüchen von der Plattform entfernt wurde, hatte es bereits einen enormen Einfluss darauf, YouTube ins öffentliche Bewusstsein zu rücken. ›Lazy Sunday‹ zeigte, dass YouTube nicht nur ein Ort für Amateurvideos war, sondern auch professionell produzierte Inhalte verbreiten konnte.

Die viralen Hits dieser Zeit hatten eine immense Bedeutung für das Wachstum und die Popularität von YouTube. Erstens bewiesen sie die Fähigkeit der Plattform, Videos in kürzester Zeit einem breiten Publikum zugänglich zu machen. Nutzer erkannten, dass sie über YouTube eine globale Reichweite erzielen konnten, ohne die traditionellen Medienwege zu beschreiten. Dies öffnete die Türen für viele Kreative und Content-Ersteller, die begannen, die Plattform intensiv zu nutzen.

Zweitens förderten diese viralen Videos das Engagement und die Interaktivität der Community. Nutzer begannen, Kommentare zu hinterlassen, Videos zu bewerten und sie in sozialen Netzwerken zu teilen. Die Möglichkeit, Inhalte zu verbreiten und sofortiges Feedback zu erhalten, schuf ein dynamisches und lebendiges Umfeld, das immer mehr Menschen anzog. Die sozialen Funktionen von YouTube, wie das Kommentieren und das Erstellen von Playlists, trugen wesentlich dazu bei, eine engagierte Nutzergemeinschaft zu schaffen.

Ein weiteres virales Phänomen, das YouTube nachhaltig prägte, war das Video ›Charlie bit my finger – again!‹. Dieser Clip, in dem ein kleiner Junge von seinem jüngeren Bruder in den Finger gebissen wird, wurde im Mai 2007 hochgeladen und entwickelte sich schnell zu einem der meistgesehenen Videos der Plattform. Mit über 880 Millionen Aufrufen (Stand 2020) demonstrierte ›Charlie bit my finger‹ die universelle Anziehungskraft von einfachen, authentischen Momenten. Dieses Video machte deutlich, dass virale Erfolge nicht immer aufwendige Produktionen oder komplexe Konzepte erfordern, sondern oft aus alltäglichen, menschlichen Erlebnissen entstehen.

Die viralen Hits auf YouTube hatten auch wirtschaftliche und kulturelle Auswirkungen. Für die Gründer und Investoren von YouTube waren diese Erfolge ein Beweis für das Potenzial der Plattform, ein nachhaltiges Geschäftsmodell zu entwickeln. Die steigende Anzahl an Nutzern und die wachsende Popularität von viralen Videos zogen Werbetreibende an, die das immense Publikum der Plattform erreichen wollten. Dies legte den Grundstein für YouTubes Monetarisierungsstrategien, einschließlich Werbeanzeigen und später der Einführung des Partnerprogramms, das es Content-Erstellern ermöglichte, an den Werbeeinnahmen zu partizipieren.

Kulturell gesehen, veränderten diese viralen Videos die Art und Weise, wie Menschen Medien konsumieren und sich unterhalten. Die Möglichkeit, jederzeit und überall Videos anzusehen, führte zu einer Demokratisierung der Medienlandschaft. Jeder mit einer Kamera und einer Internetverbindung konnte Inhalte erstellen und potenziell ein globales Publikum erreichen. Dies führte zu einer Explosion an Kreativität und Vielfalt, die traditionelle Medienunternehmen herausforderte und die Unterhaltungsindustrie revolutionierte.

Ein weiterer Aspekt der Bedeutung viraler Videos ist die Art und Weise, wie sie Trends und Phänomene in der Popkultur setzten. Videos wie ›Gangnam Style‹ von Psy, das im Juli 2012 hochgeladen wurde und das erste Video war, das die Marke von einer Milliarde Aufrufen erreichte, zeigten die Macht von YouTube, globale Trends zu schaffen. Solche viralen Hits wurden nicht nur in den sozialen Medien geteilt, sondern fanden auch Eingang in die Mainstream-Medien, beeinflussten Musikcharts und prägten das kollektive Bewusstsein.

Zusammengefasst war der Durchbruch der viralen Videos ein entscheidender Moment in der Geschichte von YouTube. Diese Videos zeigten die Leistungsfähigkeit und das Potenzial der Plattform und zogen eine immer größer werdende Nutzerbasis an. Sie förderten das Engagement der Community, schufen wirtschaftliche Möglichkeiten und hatten tiefgreifende kulturelle Auswirkungen. Die Analyse der ersten viralen Videos zeigt, wie einfache, authentische Inhalte die Welt erobern können und wie YouTube als Plattform die Art und Weise, wie wir Videos konsumieren, für immer verändert hat.

Zusammenfassung:

Dieses Kapitel beleuchtet die Bedeutung der viralen Hits und zeigt, wie sie YouTube halfen, sich als führende Plattform für Video-Inhalte zu etablieren. Es ist eine Geschichte von Kreativität, Innovation und dem unaufhaltsamen Aufstieg einer Plattform, die die Welt des digitalen Entertainments revolutionierte.

Finanzierung und Wachstum: Investoren an Bord - Die erste große Finanzierungsrunde und die Rolle der Investoren

Im Jahr 2005, kurz nach der offiziellen Gründung von YouTube, standen Chad Hurley, Steve Chen und Jawed Karim vor einer entscheidenden Herausforderung: Sie benötigten finanzielle Mittel, um ihre aufstrebende Plattform weiter auszubauen und den ständig wachsenden technischen Anforderungen gerecht zu werden. Die frühe Begeisterung der Nutzer und die viralen Erfolge hatten das Potenzial von YouTube deutlich gemacht, aber ohne eine solide finanzielle Basis würde das Unternehmen kaum in der Lage sein, die nächsten Wachstumsschritte zu meistern.

Der erste große Durchbruch kam im November 2005, als YouTube eine bedeutende Investition von Sequoia Capital, einer der führenden Risikokapitalgesellschaften im Silicon Valley, erhielt. Sequoia Capital hatte bereits in Unternehmen wie Apple, Google und PayPal investiert und brachte nicht nur finanzielle Mittel, sondern auch wertvolle Expertise und strategische Beratung mit. Diese erste Finanzierungsrunde, die YouTube 3,5 Millionen Dollar einbrachte, war der Startschuss für eine Phase intensiven Wachstums und der Ausbau der Plattform.

Mit der Unterstützung von Sequoia Capital konnten die Gründer von YouTube mehrere wichtige Strategien zur Monetarisierung und zum Ausbau der Nutzerbasis verfolgen. Eine der ersten und wichtigsten Maßnahmen war die Verbesserung der technischen Infrastruktur. Die zusätzlichen finanziellen Mittel ermöglichten es YouTube, in leistungsstärkere Server und eine robustere Netzwerkinfrastruktur zu investieren, die das rapide wachsende Datenvolumen und die steigende Anzahl von Nutzern bewältigen konnte. Diese Investitionen waren entscheidend, um die Zuverlässigkeit und die Performance der Plattform zu gewährleisten.

Gleichzeitig arbeiteten die Gründer daran, die Benutzerfreundlichkeit und die Funktionen der Plattform kontinuierlich zu verbessern. Neue Features wie die Möglichkeit, Videos zu bewerten, zu kommentieren und in sozialen Netzwerken zu teilen, förderten das Engagement der Nutzer und erhöhten die Attraktivität von YouTube. Diese Verbesserungen trugen dazu bei, die Plattform von anderen Video-Hosting-Diensten abzuheben und eine treue Community aufzubauen.

Ein zentraler Aspekt der Monetarisierungsstrategie von YouTube war die Einführung von Werbeanzeigen. Die Gründer erkannten frühzeitig, dass Werbung eine nachhaltige Einnahmequelle darstellen könnte, um die Betriebskosten zu decken und weitere Investitionen zu finanzieren. Die ersten Werbeformate waren einfache Banneranzeigen, die neben den Videos angezeigt wurden. Diese frühen Experimente mit Werbung waren ein wichtiger Schritt, um die Akzeptanz der Nutzer zu testen und das Geschäftsmodell zu verfeinern.

Mit der Zeit entwickelte YouTube zunehmend ausgeklügelte Werbestrategien. Ein wichtiger Meilenstein war die Einführung von In-Stream-Werbung, die direkt vor oder während eines Videos abgespielt wurde. Diese Werbeformate boten Werbetreibenden eine höhere Sichtbarkeit und Relevanz und ermöglichten es YouTube, höhere Einnahmen zu generieren. Die Möglichkeit für Nutzer, diese Anzeigen nach wenigen Sekunden zu überspringen, half dabei, die Akzeptanz der Werbung zu erhöhen und die Benutzererfahrung nicht zu stark zu beeinträchtigen.

Ein weiterer wesentlicher Aspekt der Monetarisierungsstrategie war die Einführung des YouTube-Partnerprogramms im Mai 2007. Dieses Programm ermöglichte es Content-Erstellern, einen Anteil an den Werbeeinnahmen zu verdienen, die ihre Videos generierten. Dies schuf einen starken Anreiz für Kreative, hochwertige und attraktive Inhalte zu produzieren, und trug wesentlich zur Vielfalt und Qualität der auf YouTube verfügbaren Videos bei. Das Partnerprogramm veränderte die Dynamik der Plattform grundlegend und machte YouTube zu einer lukrativen Einnahmequelle für viele Menschen weltweit.

Die Rolle der Investoren war in dieser Phase von entscheidender Bedeutung. Sequoia Capital und andere frühe Investoren boten nicht nur finanzielle Unterstützung, sondern auch strategische Beratung und wertvolle Kontakte. Sie halfen den Gründern, fundierte Entscheidungen zu treffen und das Unternehmen professionell zu führen. Der Zugang zu einem Netzwerk erfahrener Unternehmer und Branchenexperten ermöglichte es YouTube, schnell zu skalieren und sich in einem wettbewerbsintensiven Markt zu behaupten.

Ein weiterer wichtiger Schritt im Ausbau der Nutzerbasis war die Internationalisierung der Plattform. YouTube erkannte frühzeitig das Potenzial eines globalen Publikums und begann, die Plattform für verschiedene Sprachen und Märkte zu optimieren. Die Einführung von lokalisieren Websites und die Anpassung der Benutzeroberfläche an unterschiedliche kulturelle Bedürfnisse halfen dabei, neue Nutzer in verschiedenen Teilen der Welt zu gewinnen. Dies trug erheblich zum Wachstum und zur globalen Reichweite von YouTube bei.

Die strategischen Partnerschaften mit großen Medienunternehmen und Musiklabels waren ein weiterer Faktor, der zum Wachstum der Plattform beitrug. YouTube schloss Verträge ab, die es den Nutzern ermöglichten, offiziell lizenzierte Musikvideos und andere Inhalte zu streamen. Diese Partnerschaften halfen dabei, die Plattform weiter zu legitimieren und ein breites Spektrum an hochwertigen Inhalten anzubieten, was wiederum mehr Nutzer anzog und die Verweildauer auf der Plattform erhöhte.

Bis 2006 hatte YouTube eine beeindruckende Nutzerbasis aufgebaut und war auf dem besten Weg, sich als führende Video-Sharing-Plattform zu etablieren. Der kontinuierliche Zustrom von Investitionen ermöglichte es dem Unternehmen, seine Infrastruktur weiter auszubauen, neue Funktionen zu entwickeln und innovative Monetarisierungsstrategien zu implementieren. Diese Maßnahmen waren entscheidend für den langfristigen Erfolg und die nachhaltige Entwicklung der Plattform.

Zusammenfassung:

Das Kapitel ›Finanzierung und Wachstum: Investoren an Bord‹ zeigt, wie die ersten großen Finanzierungsrunden und die Rolle der Investoren YouTube halfen, von einem vielversprechenden Start-up zu einem globalen Phänomen zu werden. Die strategischen Entscheidungen zur Monetarisierung und zum Ausbau der Nutzerbasis waren der Schlüssel zu diesem Erfolg und legten den Grundstein für die zukünftige Entwicklung der Plattform. YouTube entwickelte sich von einer innovativen Idee zu einer unverzichtbaren Plattform, die die Art und Weise, wie wir Videos konsumieren, revolutionierte.

Übernahme durch Google: Ein neuer Anfang - Verhandlungen und Details zur Übernahme durch Google im November 2006

Die Übernahme von YouTube durch Google im November 2006 markierte einen entscheidenden Wendepunkt in der Geschichte der Plattform. Für 1,65 Milliarden US-Dollar in Google-Aktien erwarb der Technologieriese das aufstrebende Video-Portal, das innerhalb von nur anderthalb Jahren nach seiner Gründung zu einem der größten Phänomene des Internets geworden war. Diese Übernahme war nicht nur eine der größten in der damaligen Tech-Welt, sondern auch eine, die weitreichende Auswirkungen auf die Plattform und ihre Nutzer hatte.

Die Verhandlungen zwischen YouTube und Google verliefen intensiv und detailliert. Beide Unternehmen erkannten das immense Potenzial, das in der Synergie ihrer Dienste lag. Google, das bereits eine dominierende Position im Bereich der Online-Suche und Werbung innehatte, sah in YouTube die perfekte Ergänzung zu seinem Portfolio. YouTube bot eine Plattform mit rasant wachsender Nutzerbasis und einer enormen Menge an Video-Inhalten, die durch die Integration von Googles Ressourcen und Technologien weiter ausgebaut werden konnte.

Einer der ersten und unmittelbarsten Vorteile der Übernahme war die finanzielle Stabilität, die Google YouTube bieten konnte. Mit den erheblichen Ressourcen von Google im Rücken war YouTube nun in der Lage, seine technische Infrastruktur weiter zu verbessern und die Plattform zu skalieren, um die wachsenden Anforderungen zu bewältigen. Die Unterstützung von Google ermöglichte es YouTube, seine Serverkapazitäten zu erweitern, was zu einer besseren Performance und einer höheren Zuverlässigkeit der Plattform führte. Für die Nutzer bedeutete dies kürzere Ladezeiten, weniger Ausfälle und eine insgesamt reibungslosere Erfahrung.

Die Übernahme brachte auch eine Integration von Googles fortschrittlichen Such- und Analysetechnologien mit sich. Durch die Kombination der Suchalgorithmen von Google mit der riesigen Menge an Video-Inhalten auf YouTube wurde die Auffindbarkeit und Empfehlungslogik der Plattform erheblich verbessert. Nutzer konnten nun relevantere und interessantere Videos schneller finden, was zu einer höheren Zufriedenheit und einer längeren Verweildauer auf der Plattform führte. Dies war ein entscheidender Faktor für das kontinuierliche Wachstum der Nutzerbasis.

Ein weiterer wichtiger Aspekt war die Integration von Googles Werbenetzwerk, AdSense, in YouTube. Diese Integration ermöglichte es YouTube, sein Monetarisierungsmodell erheblich zu erweitern und zu verfeinern. Mit AdSense konnten Werbeanzeigen zielgerichteter und effektiver platziert werden, was sowohl für die Werbetreibenden als auch für die Content-Ersteller von Vorteil war. Die Möglichkeit, durch Werbeeinnahmen Geld zu verdienen, schuf neue Anreize für Kreative, ihre Inhalte auf YouTube hochzuladen, und führte zu einem exponentiellen Anstieg der auf der Plattform verfügbaren Videos.

Die Übernahme durch Google hatte auch tiefgreifende Auswirkungen auf die Content-Moderation und das Urheberrecht. Mit Googles Ressourcen und Technologien war YouTube besser in der Lage, Urheberrechtsverletzungen zu erkennen und zu verhindern. Dies führte zur Einführung von Content ID, einem System, das es Rechteinhabern ermöglicht, ihre Inhalte zu identifizieren und entweder zu monetarisieren oder zu entfernen. Content ID war ein bedeutender Schritt, um das Vertrauen von Medienunternehmen und Rechteinhabern zu gewinnen, und ermöglichte es YouTube, eine größere Vielfalt an professionellen Inhalten anzubieten.

Die Nutzerbasis von YouTube wuchs nach der Übernahme durch Google weiterhin rasant. Die Kombination aus verbesserter technischer Infrastruktur, optimierten Such- und Empfehlungssystemen sowie erweiterten Monetarisierungsmöglichkeiten zog immer mehr Menschen an. YouTube wurde zu einer unverzichtbaren Plattform für Unterhaltung, Information und Bildung. Die Vielfalt der Inhalte und die Möglichkeit, sowohl professionell produzierte Videos als auch nutzergenerierte Inhalte zu finden, machten YouTube zu einer einzigartigen und unvergleichlichen Ressource im Internet.

Ein nicht zu unterschätzender Effekt der Übernahme war die globale Expansion von YouTube. Mit der Unterstützung von Google konnte YouTube seine Reichweite auf neue Märkte ausdehnen und die Plattform für Nutzer in verschiedenen Ländern und Sprachen zugänglicher machen. Dies führte zu einer weiteren Diversifizierung der Inhalte und einer stärkeren Vernetzung der globalen Community. YouTube wurde zu einem wahrhaft globalen Phänomen, das Menschen aus allen Teilen der Welt miteinander verband.

Die Übernahme durch Google brachte jedoch auch Herausforderungen mit sich. Die schiere Größe und Popularität der Plattform führte zu zunehmender Kontrolle durch Regierungen und Aufsichtsbehörden. Fragen des Datenschutzes, der Meinungsfreiheit und der Verantwortung für die auf der Plattform verbreiteten Inhalte rückten zunehmend in den Fokus. Google und YouTube mussten Wege finden, um diese Herausforderungen zu bewältigen und gleichzeitig die Integrität und den freien Austausch von Ideen auf der Plattform zu wahren.

Insgesamt war die Übernahme von YouTube durch Google ein entscheidender Moment in der Geschichte der Plattform. Sie ermöglichte YouTube, seine Vision von einer offenen und zugänglichen Video-Sharing-Plattform weiter zu verfolgen und auszubauen. Die Unterstützung und die Ressourcen von Google halfen dabei, die technischen und wirtschaftlichen

Grundlagen zu schaffen, die YouTube zu dem globalen Giganten machten, der es heute ist. Für die Nutzer bedeutete dies eine verbesserte Erfahrung, eine größere Vielfalt an Inhalten und die Möglichkeit, Teil einer globalen Community zu sein, die durch die Kraft des Videos verbunden ist.

Zusammenfassung:

Dieses Kapitel beleuchtet die tiefgreifenden Auswirkungen der Übernahme durch Google und zeigt, wie dieser strategische Schritt YouTube auf den Weg zu nachhaltigem Wachstum und langfristigem Erfolg brachte. Die Fusion von YouTube und Google war mehr als nur eine finanzielle Transaktion – sie war der Beginn eines neuen Kapitels in der Geschichte des Internets, das die Art und Weise, wie wir Medien konsumieren und miteinander kommunizieren, für immer veränderte.

Technische Innovationen: YouTube wird erwachsen - Entwicklung der Videoqualität und Streaming-Technologien

YouTube hat seit seiner Gründung im Jahr 2005 eine bemerkenswerte Evolution durchlaufen, insbesondere im Bereich der Videoqualität und Streaming-Technologien. Die frühen Tage der Plattform waren geprägt von niedriger Auflösung und begrenzter Bandbreite, doch im Laufe der Jahre hat YouTube kontinuierlich technische Innovationen eingeführt, um die Qualität und Benutzererfahrung zu verbessern. Diese Entwicklung war entscheidend dafür, dass YouTube zu einer führenden Plattform für Videoinhalte wurde.

In den Anfangsjahren waren die meisten Videos auf YouTube in einer Auflösung von 240p oder 360p verfügbar. Dies entsprach der damaligen Bandbreitenbeschränkung vieler Internetverbindungen und der Leistungsfähigkeit der Serverinfrastruktur. Obwohl diese niedrigen Auflösungen ausreichend waren, um den Nutzern einen ersten Eindruck der Plattform zu vermitteln, wurde schnell klar, dass eine höhere Videoqualität erforderlich war, um den steigenden Erwartungen der Nutzer gerecht zu werden.

Im Jahr 2008 führte YouTube die Unterstützung für **H**igh **D**efinition (HD) Videos ein. Dies war ein bedeutender Schritt in der Entwicklung der Plattform, da es den Nutzern ermöglichte, Videos in einer Auflösung von 720p zu sehen, die eine deutlich bessere Bildqualität und Schärfe bot. Die Einführung von HD-Video erforderte erhebliche Investitionen in die Serverinfrastruktur und die Entwicklung effizienter Komprimierungstechnologien, um die größere Datenmenge zu bewältigen und gleichzeitig die Streaming-Geschwindigkeit aufrechtzuerhalten.

Die Weiterentwicklung der Videoqualität setzte sich fort, und im Jahr 2009 führte YouTube die Unterstützung für Full HD (1080p) Videos ein. Diese Verbesserung ermöglichte es den Nutzern, Videos in noch höherer Qualität zu genießen, und trug dazu bei, YouTube als Plattform für professionelle Videoinhalte zu etablieren. Die Einführung von Full HD stellte jedoch auch neue Herausforderungen in Bezug auf die Datenübertragung und -speicherung dar. YouTube musste fortschrittliche Komprimierungsalgorithmen entwickeln und implementieren, um sicherzustellen, dass die Videos effizient gestreamt werden konnten, ohne die Benutzererfahrung zu beeinträchtigen.

Ein weiterer Meilenstein in der Entwicklung der Videoqualität war die Einführung von 4K-Videos im Jahr 2010. Diese ultrahohe Auflösung bot eine viermal höhere Pixelanzahl als 1080p und lieferte eine außergewöhnliche Bildqualität, die besonders bei Naturdokumentationen, Filmen und Gaming-Videos beeindruckend zur Geltung kam. Die Bereitstellung von 4K-Videos erforderte erhebliche Verbesserungen der Infrastruktur, einschließlich der Implementierung von H.265/HEVC-Komprimierungstechnologien, die effizientere Datenkomprimierung und -übertragung ermöglichten.

Parallel zur Entwicklung der Videoqualität arbeitete YouTube kontinuierlich an der Verbesserung seiner Streaming-Technologien. Eine der bedeutendsten Innovationen in diesem Bereich war die Einführung des adaptiven Bitrate-Streamings. Diese Technologie, die als **D**ynamic **A**daptive **S**treaming over **H**TTP (DASH) bekannt ist, passt die Videoqualität in Echtzeit an die verfügbare Bandbreite des Nutzers an. Dies bedeutet, dass YouTube in der Lage ist, die bestmögliche Videoqualität zu liefern, ohne dass es zu Pufferung oder Unterbrechungen kommt. Adaptive Bitrate-Streaming hat die Benutzererfahrung erheblich verbessert, insbesondere in Regionen mit instabilen oder langsameren Internetverbindungen.

Ein weiteres Highlight der technischen Innovationen war die Einführung von 360-Grad-Videos und Virtual Reality (VR) Unterstützung im Jahr 2015. Diese Technologie ermöglichte es den Nutzern, immersive und interaktive Videoerlebnisse zu genießen, bei denen sie sich in alle Richtungen umsehen konnten. Dies erforderte nicht nur neue Aufnahme- und Wiedergabetechnologien, sondern auch erhebliche Anpassungen der Plattform, um die Verarbeitung und das Streaming dieser komplexen Videodaten zu ermöglichen. 360-Grad-Videos und VR-

Inhalte boten neue Möglichkeiten für Content-Ersteller und öffneten YouTube für innovative und kreative Videoinhalte.

Die kontinuierliche Verbesserung der Streaming-Technologien ging Hand in Hand mit der Einführung von Live-Streaming-Funktionen. YouTube Live, das 2011 eingeführt wurde, ermöglichte es den Nutzern, Echtzeit-Videos zu streamen und mit ihrem Publikum in Echtzeit zu interagieren. Dies war besonders bei Events, Gaming-Streams und Live-Übertragungen populär. Die Unterstützung für 4K-Live-Streaming und die Integration von Funktionen wie Super Chat, bei dem Nutzer während des Live-Streams Nachrichten gegen eine Gebühr hervorheben können, haben die Attraktivität und die Monetarisierungsmöglichkeiten von Live-Streams weiter erhöht.

Neben der Verbesserung der Videoqualität und Streaming-Technologien hat YouTube auch an der Optimierung der Plattform für mobile Geräte gearbeitet. Mit der steigenden Nutzung von Smartphones und Tablets wurde es immer wichtiger, dass YouTube-Videos auf diesen Geräten flüssig und in hoher Qualität wiedergegeben werden können. Die Entwicklung von speziell für mobile Geräte optimierten Streaming-Protokollen und die Einführung von Funktionen wie Offline-Wiedergabe haben dazu beigetragen, die Benutzererfahrung auf mobilen Plattformen erheblich zu verbessern.

Die kontinuierliche Innovation und Verbesserung der Videoqualität und Streaming-Technologien sind zentrale Faktoren für den anhaltenden Erfolg von YouTube. Die Plattform hat es geschafft, sich ständig weiterzuentwickeln und den steigenden Anforderungen und Erwartungen der Nutzer gerecht zu werden. Durch die Einführung neuer Features und technischer Verbesserungen hat YouTube seine Position als führende Video-Sharing-Plattform gefestigt und bietet seinen Nutzern eine immer hochwertigere und nahtlosere Videoerfahrung.

Zusammenfassung:

Insgesamt zeigt dieses Kapitel, wie YouTube durch technische Innovationen erwachsen wurde und sich als unverzichtbare Plattform für Videoinhalte etablierte. Die kontinuierliche Verbesserung der Videoqualität und Streaming-Technologien hat nicht nur die Benutzererfahrung verbessert, sondern auch neue Möglichkeiten für Content-Ersteller und Werbetreibende geschaffen. YouTube bleibt ein Beispiel dafür, wie technologische Fortschritte und Benutzerzentrierung zusammenarbeiten können, um eine Plattform von globaler Bedeutung zu schaffen.

Die Entstehung der YouTuber: Neue Berufe, neue Stars - Monetarisierungsmöglichkeiten und Partnerschaftsprogramme

Die Entstehung der YouTuber und Content Creators markierte einen revolutionären Wandel in der Medienlandschaft. YouTube entwickelte sich von einer einfachen Video-Sharing-Plattform zu einem Ort, an dem neue Berufe und Karrieren geboren wurden. Die Möglichkeit, durch das Hochladen von Videos Geld zu verdienen, eröffnete eine völlig neue Welt der Monetarisierung und inspirierte Millionen von Menschen weltweit, eigene Inhalte zu erstellen und zu teilen. Im Zentrum dieser Transformation standen die Monetarisierungsmöglichkeiten und Partnerschaftsprogramme von YouTube, die den Weg für eine neue Generation von Online-Stars ebneten.

Bereits in den frühen Jahren von YouTube erkannten die Gründer das Potenzial, die Plattform über Werbeeinnahmen zu finanzieren. 2007 führte YouTube das Partnerschaftsprogramm (**Y**ouTube **P**artner **P**rogram, YPP) ein, das es ausgewählten Content Creators ermöglichte, Werbeanzeigen in ihren Videos zu schalten und Einnahmen zu erzielen. Dieses Programm war ein Wendepunkt, da es erstmals die Tür für Nutzer öffnete, ihre Leidenschaft in eine potenziell lukrative Karriere zu verwandeln. Die Partnerschaft mit YouTube bot nicht nur finanzielle Anreize, sondern auch Zugang zu speziellen Ressourcen und Tools zur Verbesserung und Verbreitung ihrer Inhalte.

Die Monetarisierung auf YouTube basiert auf mehreren Säulen. Die prominenteste davon ist die Werbung. Im Rahmen des Partnerschaftsprogramms konnten YouTuber Einnahmen aus verschiedenen Arten von Werbeanzeigen erzielen, die in ihre Videos integriert wurden. Dazu gehören Pre-Roll-Anzeigen, die vor dem Video abgespielt werden, Mid-Roll-Anzeigen, die während längerer Videos eingeblendet werden, und Display-Anzeigen, die neben dem Video erscheinen. Diese Werbeformen boten den YouTubern eine stetige Einnahmequelle, die direkt proportional zu den Aufrufzahlen ihrer Videos und der Engagement-Rate der Zuschauer war.

Eine weitere wichtige Monetarisierungsstrategie ist das Sponsoring und die Markenkooperation. Mit dem Wachstum der Plattform und der steigenden Popularität der YouTuber begannen immer mehr Unternehmen, die Reichweite und den Einfluss dieser Content Creators zu erkennen. Markenkooperationen wurden zu einer bedeutenden Einnahmequelle, bei der Unternehmen YouTubern Geld oder Produkte zur Verfügung stellten, um ihre Produkte oder Dienstleistungen in Videos zu präsentieren. Diese Form der Werbung war besonders effektiv, da sie oft auf eine authentische und natürliche Weise in die Inhalte integriert wurde, was die Glaubwürdigkeit und das Engagement der Zuschauer erhöhte.

Neben Werbung und Sponsoring bietet YouTube auch andere Monetarisierungsmöglichkeiten wie Super Chat und Kanalmitgliedschaften. Super Chat wurde 2017 eingeführt und ermöglicht es Zuschauern, während eines Livestreams Zahlungen zu leisten, um ihre Nachrichten hervorzuheben. Diese Funktion hat sich besonders bei Gaming-Streams und anderen interaktiven Formaten als äußerst beliebt erwiesen. Kanalmitgliedschaften, die ebenfalls 2017 eingeführt wurden, ermöglichen es Zuschauern, gegen eine monatliche Gebühr exklusive Inhalte und Vorteile von ihren Lieblings-YouTubern zu erhalten. Diese Abonnement-Modelle bieten den Creators eine zusätzliche, stabile Einnahmequelle und fördern eine engere Verbindung zu ihrer Community.

Die Entwicklung von Merchandise und eigenständigen Produkten hat sich ebenfalls zu einer wichtigen Einnahmequelle für viele YouTuber entwickelt. Durch den Verkauf von markenspezifischen Produkten wie Kleidung, Accessoires und digitalen Inhalten können Content Creators ihre Marke weiter monetarisieren und ihre Fans auf eine neue Weise an sich binden. Plattformen wie Teespring und Spreadshop haben es YouTubern leicht gemacht, eigene Online-Shops zu erstellen und ihre Produkte weltweit zu vertreiben.

Ein entscheidender Aspekt der Monetarisierung auf YouTube ist die kontinuierliche Weiterbildung und Unterstützung, die die Plattform ihren Partnern bietet. YouTube bietet eine Vielzahl von Ressourcen, Schulungen und Veranstaltungen, die den

Creators helfen, ihre Fähigkeiten zu verbessern und ihre Kanäle zu optimieren. Das YouTube Creator Academy bietet Online-Kurse zu Themen wie Videoproduktion, Kanalwachstum und Monetarisierungsstrategien. Außerdem organisiert YouTube regelmäßig Events wie die VidCon und die YouTube Creator Summit, bei denen Content Creators die Möglichkeit haben, sich zu vernetzen, von Branchenexperten zu lernen und ihre Erfahrungen auszutauschen.

Die Einführung und Weiterentwicklung der Partnerschaftsprogramme und Monetarisierungsmöglichkeiten haben nicht nur dazu beigetragen, dass YouTube eine attraktive Plattform für Content Creators wurde, sondern auch das Entstehen einer neuen, dynamischen und vielfältigen Medienlandschaft gefördert. YouTube-Stars wie PewDiePie, Jenna Marbles, und Casey Neistat wurden zu internationalen Berühmtheiten und zeigten, dass es möglich ist, durch kreative und authentische Inhalte eine erfolgreiche Karriere aufzubauen. Diese Entwicklung inspirierte Millionen von Menschen weltweit, ihre eigenen Kanäle zu starten und Teil dieser digitalen Revolution zu werden.

Ein Beispiel für den Erfolg und die Auswirkungen dieser neuen Monetarisierungsmöglichkeiten ist die Geschichte von Felix Kjellberg, besser bekannt als PewDiePie. Er begann seinen Kanal im Jahr 2010 und wurde schnell zu einem der erfolgreichsten YouTuber der Welt. Seine humorvollen und oft unkonventionellen Gaming-Videos zogen Millionen von Abonnenten an und machten ihn zu einem der ersten YouTuber, die aus ihren Inhalten erhebliche Einnahmen erzielen konnten.

PewDiePies Erfolg inspirierte viele andere, ebenfalls ihre Leidenschaften in erfolgreiche YouTube-Karrieren umzuwandeln.

Die Monetarisierungsmöglichkeiten und Partnerschaftsprogramme von YouTube haben nicht nur den Weg für die ersten YouTuber geebnet, sondern auch die Art und Weise verändert, wie wir Medien konsumieren und produzieren. Die Möglichkeit, durch eigene kreative Inhalte ein weltweites Publikum zu erreichen und dabei Geld zu verdienen, hat eine neue Ära des individuellen Ausdrucks und der digitalen Unternehmertum eingeleitet. YouTube hat sich von einer einfachen Video-Sharing-Plattform zu einem zentralen Bestandteil der globalen Medienlandschaft entwickelt, der die Grenzen des traditionellen Fernsehens und der Unterhaltung weit hinter sich gelassen hat.

Zusammenfassung:

Insgesamt zeigt dieses Kapitel, wie die Monetarisierungsmöglichkeiten und Partnerschaftsprogramme von YouTube die Entstehung und den Aufstieg der ersten YouTuber und Content Creators ermöglichten. Die kontinuierliche Innovation und Unterstützung durch YouTube haben dazu beigetragen, eine Plattform zu schaffen, auf der jeder seine Stimme finden und seine Kreativität ausleben kann. Diese Entwicklung hat nicht nur neue Berufe und Stars hervorgebracht, sondern auch die Art und Weise revolutioniert, wie wir Medien erleben und mit ihnen interagieren.

Die Rolle der Algorithmen: Wie Videos entdeckt werden - Entwicklung und Einfluss der Empfehlungsalgorithmen

Die Erfolgsgeschichte von YouTube ist untrennbar mit der Entwicklung und Optimierung seiner Empfehlungsalgorithmen verbunden. Diese Algorithmen bestimmen maßgeblich, welche Videos den Nutzern vorgeschlagen werden und haben einen tiefgreifenden Einfluss auf die Art und Weise, wie Inhalte erstellt und konsumiert werden. Sie spielen eine Schlüsselrolle darin, wie Videos entdeckt werden und tragen erheblich dazu bei, das Nutzerverhalten auf der Plattform zu formen.

Bereits in den frühen Tagen von YouTube wurde erkannt, dass die schiere Menge an hochgeladenen Videos eine effiziente Methode zur Inhaltsauffindung erforderte. Die ersten Algorithmen basierten auf einfachen Metriken wie der Anzahl der Aufrufe und der Bewertung durch die Nutzer. Doch mit dem exponentiellen Wachstum der Plattform und der immer größer werdenden Vielfalt an Inhalten wurde schnell klar, dass komplexere und leistungsfähigere Algorithmen notwendig waren.

Im Jahr 2010 führte YouTube einen grundlegenden Wandel in seiner Empfehlungsstrategie ein. Statt nur die beliebtesten Videos hervorzuheben, begann der Algorithmus, das individuelle Nutzerverhalten zu analysieren. Dies umfasste Aspekte wie die Sehdauer, die Art der angesehenen Inhalte, die Interaktionen (Likes, Kommentare, Abonnements) und die Suchhistorie. Ziel war es, den Nutzern personalisierte Empfehlungen zu bieten, die besser zu ihren Interessen und Vorlieben passten. Dieser Ansatz erwies sich als außerordentlich erfolgreich und erhöhte sowohl die Verweildauer als auch die Nutzerbindung erheblich.

Die Auswirkungen dieser Algorithmen auf die Content-Erstellung sind tiefgreifend. Content Creators mussten sich zunehmend damit auseinandersetzen, wie ihre Videos vom Algorithmus erkannt und bevorzugt werden konnten. Dies führte zu einer neuen Ära der datengetriebenen Content-Erstellung, in der Analyse-Tools und strategische Planung eine zentrale Rolle spielen. Die Optimierung von Titeln, Thumbnails und Beschreibungen, um die Klickrate zu maximieren, wurde zu einer Kunstform. Gleichzeitig wurde die Bedeutung von ›Watch Time‹ – der gesamten Zeit, die ein Nutzer mit dem Anschauen von Videos verbringt – zu einem entscheidenden Faktor für den Erfolg auf der Plattform.

Diese Entwicklung hatte auch Auswirkungen auf die Vielfalt der Inhalte auf YouTube. Während einige kritisieren, dass der Algorithmus eine ›Filterblase‹ schaffen kann, in der Nutzer hauptsächlich ähnliche Inhalte sehen, hat er auch die Entstehung neuer Nischen und Communitys gefördert. Nischen-Content, der möglicherweise in traditionellen Medien nicht erfolgreich gewesen wäre, konnte auf YouTube eine engagierte und treue Zuschauerbasis finden. Der Algorithmus ermöglichte es diesen Communitys, sich zu entwickeln und zu wachsen, indem er relevante Inhalte an interessierte Nutzer ausspielte.

Auf der anderen Seite führte der Einfluss der Algorithmen auch zu bestimmten Herausforderungen. Content Creators stehen unter dem ständigen Druck, ihre Videos so zu gestalten, dass sie die Algorithmen begünstigen. Dies kann dazu führen, dass Kreativität und Originalität manchmal zugunsten algorithmischer Optimierung in den Hintergrund treten. Clickbait-Titel und sensationelle Thumbnails sind Beispiele für Strategien, die darauf abzielen, die Aufmerksamkeit des Algorithmus zu gewinnen, aber nicht immer die Qualität oder den Informationsgehalt der Inhalte widerspiegeln.

Für die Nutzer selbst hat die algorithmusbasierte Empfehlungsstruktur sowohl Vorteile als auch Nachteile. Einerseits ermöglicht sie eine personalisierte und oft sehr treffende Auswahl an Videos, die das Nutzungserlebnis verbessern und die Entdeckung neuer Inhalte erleichtern. Andererseits kann die Abhängigkeit von Algorithmen dazu führen, dass Nutzer in einer begrenzten inhaltlichen Blase verbleiben, in der sie hauptsächlich Inhalte sehen, die ihren bestehenden Interessen und Meinungen entsprechen. Dies kann die Bildung einer ausgewogenen und vielfältigen Perspektive beeinträchtigen.

Ein bemerkenswerter Aspekt der Algorithmenentwicklung ist die kontinuierliche Anpassung und Verfeinerung, die YouTube vornimmt. Die Plattform nutzt maschinelles Lernen und künstliche Intelligenz, um die Algorithmen ständig zu verbessern und an die sich ändernden Nutzergewohnheiten anzupassen. Dies beinhaltet die Analyse riesiger Datenmengen, um Muster und Trends zu erkennen, die dann in die Algorithmus-Modelle integriert werden. Diese ständige Weiterentwicklung ist notwendig, um mit der dynamischen Natur der Plattform Schritt zu halten und den Nutzern das bestmögliche Erlebnis zu bieten.

Die Rolle der Algorithmen auf YouTube wird auch in Zukunft von entscheidender Bedeutung sein. Mit der zunehmenden Verbreitung von künstlicher Intelligenz und maschinellem Lernen ist zu erwarten, dass die Empfehlungsalgorithmen noch präziser und intelligenter werden. Dies könnte zu einer noch individuelleren und intuitiveren Nutzungserfahrung führen, birgt aber auch das Potenzial für neue ethische und gesellschaftliche Fragen. Die Balance zwischen personalisierten Empfehlungen und der Förderung einer vielfältigen und offenen Plattform wird weiterhin eine zentrale Herausforderung bleiben.

Zusammenfassung:

Insgesamt zeigt dieses Kapitel, wie die Entwicklung und der Einfluss der Empfehlungsalgorithmen die Art und Weise verändert haben, wie Videos auf YouTube entdeckt werden. Die Algorithmen haben nicht nur die Content-Erstellung und das Nutzerverhalten maßgeblich geprägt, sondern auch die Plattform selbst transformiert. Sie sind das unsichtbare Rückgrat von YouTube, das Millionen von Nutzern täglich durch die endlose Welt der Videos navigiert und ihnen hilft, die für sie relevantesten Inhalte zu finden.

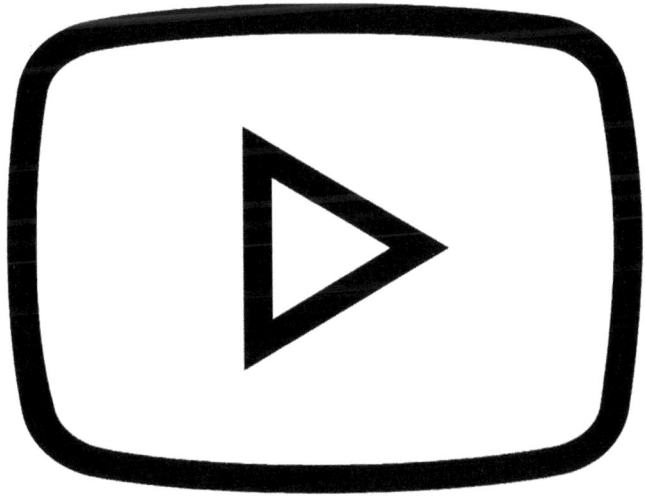

YouTube als soziales Netzwerk: Gemeinschaft und Interaktion - Die Rolle der Community und der Aufbau von Fankulturen

YouTube hat sich im Laufe der Jahre von einer einfachen Video-Sharing-Plattform zu einem komplexen sozialen Netzwerk entwickelt, in dem Gemeinschaft und Interaktion zentrale Rollen spielen. Diese Transformation wurde maßgeblich durch die Einführung von Kommentarfunktionen, Likes und Abonnements vorangetrieben. Diese Elemente haben es den Nutzern ermöglicht, aktiv an der Plattform teilzunehmen, Beziehungen aufzubauen und Gemeinschaften zu formen. Die Rolle der Community und der Aufbau von Fankulturen sind heute wesentliche Bestandteile von YouTube, die die Dynamik und den Erfolg der Plattform maßgeblich beeinflussen.

Die Einführung der Kommentarfunktion war ein entscheidender Schritt in der Entwicklung von YouTube als soziales Netzwerk. Sie ermöglichte es den Nutzern, direkt auf die Inhalte zu reagieren und miteinander zu interagieren. Kommentare bieten eine Plattform für Diskussionen, Feedback und Meinungen, die oft zu lebhaften Debatten führen. Sie schaffen eine unmittelbare Verbindung zwischen den Content Creators und ihren Zuschauern, wodurch eine direkte Kommunikation und ein intensiver Austausch ermöglicht wird. Diese Interaktion fördert ein Gefühl der Gemeinschaft und Zugehörigkeit, da die Nutzer das Gefühl haben, gehört und wertgeschätzt zu werden.

Likes und Abonnements sind weitere wichtige Funktionen, die die Interaktivität auf YouTube fördern. Der ›Like‹-Button bietet den Zuschauern eine einfache Möglichkeit, ihre Zustimmung oder Begeisterung für ein Video auszudrücken. Diese Form der Rückmeldung ist für die Content Creators von großer Bedeutung, da sie eine unmittelbare Anerkennung ihrer Arbeit darstellt und als Motivation dient, weiterhin hochwertige Inhalte zu produzieren. Abonnements gehen noch einen Schritt weiter, da sie eine langfristige Bindung zwischen den Nutzern und den Creators schaffen. Durch das Abonnieren eines Kanals können Nutzer sicherstellen, dass sie keine neuen Inhalte verpassen und stets auf dem Laufenden bleiben. Dies fördert die Loyalität und stärkt die Bindung innerhalb der Community.

Ein besonders bemerkenswerter Aspekt der YouTube-Community ist der Aufbau von Fankulturen. Diese entstehen häufig um populäre YouTuber und ihre Kanäle und sind durch eine starke, emotionale Verbindung zwischen den Creators und ihren Fans gekennzeichnet. Diese Fankulturen sind nicht nur passive Zuschauergruppen, sondern aktive Gemeinschaften, die eigene Veranstaltungen, Foren und sogar Fanclubs organisieren. Sie tauschen sich regelmäßig über die neuesten Videos, Insider-Informationen und gemeinsame Interessen aus. Diese intensive Verbindung geht oft über die Plattform hinaus und manifestiert sich in Form von Treffen, Merchandise und sozialen Medien.

Ein herausragendes Beispiel für die Macht der YouTube-Community ist die sogenannte ›YouTube Rewind‹-Serie. Diese jährlichen Videos, die die Highlights und Trends des Jahres zusammenfassen, zeigen die enorme Bandbreite und Vielfalt der Plattform. Sie sind eine Hommage an die Gemeinschaft und feiern die kreativen Leistungen der Content Creators. Trotz einiger Kontroversen in den letzten Jahren bleibt ›YouTube Rewind‹ ein Symbol für die kollektive Kraft und den Gemeinschaftsgeist der Plattform.

Die Rolle der Community auf YouTube ist auch für die Content Creators von großer Bedeutung. Viele YouTuber haben erkannt, dass der Aufbau einer engagierten und treuen Fangemeinde der Schlüssel zu langfristigem Erfolg ist. Sie investieren viel Zeit und Mühe in die Interaktion mit ihren Zuschauern, sei es durch das Beantworten von Kommentaren, das Einbeziehen von Zuschauerfeedback in ihre Videos oder das Organisieren von Livestreams und Q&A-Sessions. Diese direkte und persönliche Verbindung stärkt das Vertrauen und die Loyalität der Fans und schafft eine solide Basis für das Wachstum des Kanals.

Der Aufbau von Fankulturen geht oft mit der Entwicklung einer eigenen Markenidentität einher. Erfolgreiche YouTuber verstehen es, ihre Persönlichkeit und ihren Stil in eine erkennbare Marke zu verwandeln, die ihre Fans begeistert und bindet.

Diese Markenidentität kann durch visuelle Elemente wie Logos und Thumbnails, aber auch durch spezifische Formate, Slogans und wiederkehrende Themen gefestigt werden. Fans identifizieren sich mit dieser Marke und fühlen sich als Teil einer exklusiven Gemeinschaft, was die Bindung weiter verstärkt.

Ein weiteres wichtiges Element der YouTube-Community ist die Unterstützung und Zusammenarbeit zwischen den Content Creators. Kooperationen und Cross-Promotions sind weit verbreitet und bieten eine hervorragende Möglichkeit, neue Zuschauer zu gewinnen und bestehende Fans zu begeistern. Diese Zusammenarbeit fördert nicht nur das Wachstum der Kanäle, sondern stärkt auch das Gefühl der Gemeinschaft und des Zusammenhalts innerhalb der YouTube-Welt. Durch gemeinsame Projekte und Videos lernen die Zuschauer neue Creators kennen und erleben eine Vielzahl an Inhalten, die ihre Interessen ansprechen.

Die Rolle der Community und der Aufbau von Fankulturen haben auch einen großen Einfluss auf die Inhalte, die auf YouTube erstellt werden. Creators müssen ständig auf die Bedürfnisse und Wünsche ihrer Zuschauer eingehen und ihre Inhalte entsprechend anpassen. Dies führt zu einer ständigen Weiterentwicklung und Verbesserung der Videos, da das Feedback der Community eine wertvolle Ressource darstellt. Die enge Verbindung zu den Fans ermöglicht es den Creators, Trends frühzeitig zu erkennen und ihre Inhalte entsprechend zu gestalten.

Zusammenfassung:

Zusammenfassend lässt sich sagen, dass die Community und die Fankulturen eine zentrale Rolle in der Entwicklung und dem Erfolg von YouTube spielen. Die Einführung von Kommentarfunktionen, Likes und Abonnements hat eine dynamische und interaktive Plattform geschaffen, auf der Nutzer nicht nur konsumieren, sondern aktiv teilnehmen und gestalten können. Die starke Bindung zwischen den Content Creators und ihren Fans hat eine neue Form der sozialen Interaktion und des gemeinschaftlichen Erlebens hervorgebracht, die weit über das traditionelle Fernsehen hinausgeht. YouTube ist heute nicht nur eine Video-Plattform, sondern ein lebendiges soziales Netzwerk, das Millionen von Menschen weltweit miteinander verbindet und inspiriert.

Bildung und Information: YouTube als Wissensquelle - Erfolgreiche Bildungs-Channels und ihre Geschichten

In den letzten Jahren hat sich YouTube von einer Plattform für Unterhaltung und virale Videos zu einer bedeutenden Quelle für Bildung und Information entwickelt. Immer mehr Menschen nutzen YouTube, um neue Fähigkeiten zu erlernen, Wissen zu erweitern und sich über eine Vielzahl von Themen zu informieren. Diese Entwicklung wurde maßgeblich durch den Aufstieg zahlreicher erfolgreicher Bildungs-Channels vorangetrieben, die mit ihren Inhalten Millionen von Zuschauern weltweit erreichen und inspirieren. In diesem Kapitel werfen wir einen Blick auf einige dieser bemerkenswerten Channels und ihre Geschichten.

CrashCourse:

Lernen leicht gemacht

Einer der bekanntesten und erfolgreichsten Bildungs-Channels auf YouTube ist CrashCourse, gegründet von den Brüdern John und Hank Green. CrashCourse bietet eine breite Palette an Themen, von Geschichte und Biologie über Literatur bis hin zu Informatik, und präsentiert diese auf eine zugängliche und unterhaltsame Weise. John und Hank Green, beide Autoren und Unternehmer, erkannten früh das Potenzial von YouTube als Bildungsplattform und nutzten ihre Erfahrung und Kreativität, um komplexe Themen in kurzen, prägnanten Videos zu erklären.

Der Erfolg von CrashCourse liegt nicht nur in der Qualität der Inhalte, sondern auch in der Art und Weise, wie diese präsentiert werden. Die Videos sind dynamisch, mit ansprechenden Animationen und Grafiken, die das Verständnis erleichtern. John und Hank Green nutzen ihren einzigartigen Stil und Humor, um das Lernen unterhaltsam zu gestalten. Mit Millionen von Abonnenten und Hunderten von Millionen Aufrufen hat CrashCourse gezeigt, dass Bildung auf YouTube erfolgreich und populär sein kann.

Khan Academy:

Bildung für alle

Ein weiterer Pionier im Bereich der Bildungs-Channels ist die Khan Academy. Gegründet von Salman Khan im Jahr 2008, hat die Khan Academy das Ziel, qualitativ hochwertige Bildung für alle zugänglich zu machen. Was als eine Reihe von Mathematik-Tutorials für Khans Cousin begann, entwickelte sich schnell zu einer umfassenden Plattform, die Tausende von Videos zu verschiedenen Themen anbietet, darunter Mathematik, Naturwissenschaften, Wirtschaft und Kunstgeschichte.

Die Khan Academy hat eine einzigartige Mission: Bildung für jeden, überall und jederzeit. Die Videos sind sorgfältig strukturiert und didaktisch aufgebaut, um den Lernprozess zu unterstützen. Salman Khans ruhige und geduldige Erklärweise hat vielen Schülern geholfen, schwirige Konzepte zu verstehen und ihre akademischen Leistungen zu verbessern. Die Khan Academy ist nicht nur auf YouTube präsent, sondern bietet auch eine interaktive Website mit Übungen, Tests und personalisierten Lernplänen, die das Lernen ergänzen und vertiefen.

Veritasium:

Wissenschaft zum Staunen

Veritasium, gegründet von Derek Muller, ist ein Channel, der sich auf Wissenschaft und Bildung spezialisiert hat. Derek Muller, ein Physiker und Filmemacher, hat sich zum Ziel gesetzt, wissenschaftliche Konzepte auf eine spannende und verständliche Weise zu vermitteln. Veritasium ist bekannt für seine hochwertigen Videos, die oft komplexe wissenschaftliche Phänomene erklären und dabei unterhaltsam und informativ sind.

Eines der Markenzeichen von Veritasium ist die experimentelle Herangehensweise an die Wissenschaft. Derek Muller führt häufig Experimente durch und erklärt die dahinterliegenden Theorien und Prinzipien. Dies macht die Videos nicht nur lehrreich, sondern auch visuell ansprechend und fesselnd. Veritasium hat eine große Anhängerschaft aufgebaut und inspiriert viele Menschen, sich für Wissenschaft und Forschung zu interessieren.

TED-Ed:

Ideen, die es wert sind, verbreitet zu werden

TED-Ed ist ein weiterer herausragender Bildungs-Channel auf YouTube, der von der gemeinnützigen Organisation TED betrieben wird. TED-Ed bietet animierte Bildungs-Videos, die von Experten und Lehrern erstellt werden und eine Vielzahl von Themen abdecken, von Literatur und Geschichte bis hin zu Wissenschaft und Technologie. Die Videos sind oft kurz und prägnant, aber reich an Informationen und visuell ansprechend gestaltet.

TED-Ed verfolgt das Ziel, Ideen und Wissen weltweit zu verbreiten und Lernprozesse zu unterstützen. Die Videos sind so konzipiert, dass sie sowohl Schüler als auch Erwachsene ansprechen und zum Nachdenken anregen. TED-Ed ermutigt Lehrer und Bildungseinrichtungen, die Videos in ihren Unterricht zu integrieren und bietet zusätzliche Ressourcen und Diskussionsfragen, um das Lernen zu vertiefen.

AsapSCIENCE:

Wissenschaft leicht gemacht

AsapSCIENCE, gegründet von den kanadischen Biologen Mitchell Moffit und Gregory Brown, ist ein Channel, der sich darauf spezialisiert hat, wissenschaftliche Fragen und Phänomene auf eine leicht verständliche und unterhaltsame Weise zu erklären. Die Videos sind bekannt für ihre klaren Erklärungen und bunten Animationen, die komplexe Konzepte veranschaulichen und zugänglich machen.

AsapSCIENCE deckt ein breites Spektrum an Themen ab, von Biologie und Chemie bis hin zu Psychologie und Physik. Mitchell Moffit und Gregory Brown nutzen ihre wissenschaftliche Expertise und Kreativität, um Videos zu erstellen, die sowohl informativ als auch ansprechend sind. AsapSCIENCE hat eine große Fangemeinde aufgebaut und inspiriert viele Menschen, sich für Wissenschaft zu interessieren und mehr über die Welt um sie herum zu erfahren.

MinutePhysics:

Physik in einer Minute

MinutePhysics, erstellt von Henry Reich, ist ein Channel, der sich darauf spezialisiert hat, physikalische Konzepte in kurzen, einminütigen Videos zu erklären. Die Videos sind minimalistisch gestaltet, mit handgezeichneten Animationen und klaren, prägnanten Erklärungen. MinutePhysics ist bekannt für seine Fähigkeit, komplexe Themen auf das Wesentliche zu reduzieren und sie verständlich zu machen.

Henry Reich hat mit MinutePhysics eine einzigartige Nische geschaffen und zeigt, dass auch kurze Videos einen großen Bildungswert haben können. Die Videos sind ideal für Menschen, die schnell und effizient lernen möchten, und haben eine treue Anhängerschaft gewonnen. MinutePhysics inspiriert viele Zuschauer, sich intensiver mit Physik zu beschäftigen und ihre Neugierde zu wecken.

SmarterEveryDay:

Lernen durch Experimentieren

SmarterEveryDay, gegründet von Destin Sandlin, ist ein Channel, der sich auf die Erforschung und Erklärung von wissenschaftlichen Phänomenen durch Experimente und praktische Demonstrationen spezialisiert hat. Destin Sandlin, ein Ingenieur und Wissenschaftler, nutzt seine Neugier und Kreativität, um Videos zu erstellen, die sowohl lehrreich als auch unterhaltsam sind.

SmarterEveryDay ist bekannt für seine tiefgründigen und gut recherchierten Inhalte, die oft ungewöhnliche und faszinierende wissenschaftliche Fragen untersuchen. Destin Sandlin führt die Zuschauer durch seine Experimente und erklärt die dahinterliegenden Prinzipien und Theorien. Der Channel hat eine große und engagierte Community aufgebaut und inspiriert viele Menschen, ihre Welt durch Wissenschaft besser zu verstehen.

Zusammenfassung:

Diese Bildungs-Channels und ihre Geschichten zeigen, wie YouTube zu einer wertvollen Wissensquelle und Lernplattform geworden ist. Sie bieten Millionen von Menschen weltweit Zugang zu qualitativ hochwertiger Bildung und inspirieren sie, neues Wissen zu erwerben und ihre Fähigkeiten zu erweitern.

Die Erfolgsgeschichten dieser Channels sind ein Beweis für die transformative Kraft von YouTube und seine Rolle in der modernen Bildungslandschaft.

Globale Expansion: YouTube erobert die Welt - Herausforderungen und Erfolge in neuen Märkten

YouTube, einst eine kleine Plattform mit einer Handvoll Videos, hat sich im Laufe der Jahre zu einem globalen Phänomen entwickelt. Die Internationalisierung und Lokalisierung der Plattform in verschiedenen Sprachen war ein entscheidender Schritt auf dem Weg zu diesem Erfolg. Die Expansion in neue Märkte brachte zahlreiche Herausforderungen mit sich, aber auch bemerkenswerte Erfolge, die YouTube zu dem machten, was es heute ist: eine weltweit genutzte Plattform, die Menschen über alle Grenzen hinweg verbindet.

Die Entscheidung, YouTube international zu expandieren, war eine strategische, aber auch notwendige Maßnahme, um das Wachstum der Plattform voranzutreiben. Bereits früh erkannten die Gründer und das Management von YouTube, dass der internationale Markt ein enormes Potenzial birgt. Die globale Reichweite bedeutete jedoch, dass die Plattform auf die spezifischen Bedürfnisse und Vorlieben unterschiedlicher Kulturen und Sprachen zugeschnitten werden musste.

Eine der größten Herausforderungen bei der Internationalisierung von YouTube war die Lokalisierung der Inhalte und

Benutzeroberflächen. Es reichte nicht aus, die Plattform lediglich in verschiedene Sprachen zu übersetzen. Es war entscheidend, die kulturellen Nuancen und lokalen Vorlieben der Zielmärkte zu berücksichtigen. Dies betraf nicht nur die Sprache, sondern auch die Art und Weise, wie Inhalte präsentiert und kategorisiert wurden. YouTube musste lernen, dass Humor, Musik, Filme und andere kulturelle Ausdrucksformen von Land zu Land unterschiedlich sind und entsprechend angepasst werden müssen.

Ein weiterer bedeutender Aspekt der Lokalisierung war die Anpassung der Plattform an die technischen Gegebenheiten und Internetinfrastrukturen der neuen Märkte. In vielen Entwicklungsländern waren die Internetgeschwindigkeiten und die Verfügbarkeit von Breitbandverbindungen deutlich niedriger als in den USA oder Europa. Dies erforderte technische Anpassungen, um sicherzustellen, dass Videos auch bei niedrigeren Bandbreiten reibungslos abgespielt werden konnten. YouTube entwickelte spezielle Komprimierungstechnologien und Optimierungen, um die Plattform auch in Regionen mit schwacher Internetinfrastruktur nutzbar zu machen.

Die Zusammenarbeit mit lokalen Content Creators war ein weiterer Schlüssel zum Erfolg in neuen Märkten. YouTube erkannte früh, dass lokale Inhalte von lokalen Persönlichkeiten erstellt werden mussten, um die Zielgruppen effektiv anzusprechen. Dies führte zur Förderung und Unterstützung von aufstrebenden YouTubern in verschiedenen Ländern. YouTube veranstaltete Workshops, Schulungen und Networking-Events, um lokale Talente zu fördern und ihnen die Werkzeuge an die Hand zu geben, die sie benötigten, um auf der Plattform erfolgreich zu sein. Diese Investitionen zahlten sich aus, da viele dieser YouTuber zu prominenten Persönlichkeiten in ihren Heimatländern wurden und die Plattform weiter popularisierten.

Die Expansion in neue Märkte war nicht ohne Herausforderungen. In einigen Ländern sah sich YouTube mit regulatorischen Hürden und Zensur konfrontiert. Regierungen und Behörden stellten Anforderungen an die Inhalte, die auf der Plattform verfügbar sein durften, was zu Konflikten führte. YouTube musste Wege finden, um diese Herausforderungen zu meistern, ohne seine Grundprinzipien der Meinungsfreiheit und des offenen Zugangs zu gefährden. Dies führte zu komplexen Verhandlungen und Anpassungen der Inhaltsrichtlinien, um den gesetzlichen Anforderungen gerecht zu werden, ohne die Integrität der Plattform zu beeinträchtigen.

Trotz dieser Herausforderungen erzielte YouTube bemerkenswerte Erfolge in seinen neuen Märkten. Die Plattform entwickelte sich schnell zu einer globalen Marke, die in den meisten Ländern der Welt präsent ist. Ein herausragendes Beispiel für den Erfolg von YouTube in neuen Märkten ist Indien. Mit einer enormen Bevölkerung und einer wachsenden Internetnutzung wurde Indien schnell zu einem der wichtigsten Märkte für YouTube. Die Einführung von YouTube Go, einer speziell für Regionen mit begrenzter Internetverbindung entwickelten App, zeigte das Engagement der Plattform, sich den lokalen Gegebenheiten anzupassen und eine breitere Nutzerbasis zu erreichen.

In China hingegen stand YouTube vor einer der größten Herausforderungen. Aufgrund strenger Internetkontrollen und Zensur war der Zugang zur Plattform stark eingeschränkt. Dennoch versuchte YouTube, Wege zu finden, um chinesische Nutzer zu erreichen und gleichzeitig die gesetzlichen Anforderungen zu respektieren. Dies führte zu kreativen Lösungen und Partnerschaften mit lokalen Plattformen, um zumindest einen Teil des Marktes zu bedienen.

Ein weiterer bemerkenswerter Erfolg war die Expansion in den lateinamerikanischen Markt. YouTube wurde schnell zu einer der beliebtesten Plattformen in Ländern wie Brasilien und Mexiko. Lokale YouTuber wie Whindersson Nunes und Yuya gewannen Millionen von Abonnenten und trugen zur Popularität der Plattform bei. Die hohe Nachfrage nach spanisch- und portugiesischsprachigen Inhalten zeigte, wie wichtig es ist, die sprachlichen und kulturellen Bedürfnisse der Nutzer zu verstehen und zu bedienen.

Die globale Expansion von YouTube führte auch zu einer stärkeren Vernetzung der weltweiten Community. Nutzer aus verschiedenen Ländern und Kulturen konnten Inhalte austauschen und voneinander lernen. Dies trug zur Förderung des interkulturellen Verständnisses und der globalen Zusammenarbeit bei. Die Plattform wurde zu einem Ort, an dem Menschen aus der ganzen Welt ihre Geschichten teilen, Wissen austauschen und gemeinsam kreativ sein konnten.

Zusammenfassung:

Zusammenfassend lässt sich sagen, dass die Internationalisierung und Lokalisierung von YouTube eine der größten Herausforderungen, aber auch einer der größten Erfolge in der Geschichte der Plattform war. Die Anpassung an verschiedene Sprachen, Kulturen und technische Gegebenheiten erforderte immense Anstrengungen und Ressourcen. Doch der Lohn dieser Bemühungen war die Schaffung einer globalen Plattform, die Menschen über alle Grenzen hinweg verbindet und ihnen die Möglichkeit gibt, ihre Stimme zu erheben und ihre Kreativität auszuleben. Die Erfolgsgeschichten in den neuen Märkten sind ein Zeugnis für die Fähigkeit von YouTube, sich anzupassen und zu wachsen, während es gleichzeitig seinen Kernwerten treu bleibt.

Werbung und Monetarisierung: Das Geschäft hinter den Videos - Die Rolle von AdSense und anderen Monetarisierungsstrategien

Die Geschichte von YouTube ist untrennbar mit der Entwicklung von Werbemodellen und Partnerschaftsprogrammen verknüpft. Als Plattform, die Millionen von Menschen auf der ganzen Welt erreicht, hat YouTube nicht nur eine kulturelle und soziale Bedeutung erlangt, sondern auch eine wirtschaftliche. Die Monetarisierung von Inhalten hat sich im Laufe der Jahre zu einer zentralen Säule des Geschäftsmodells entwickelt, wobei AdSense eine entscheidende Rolle spielt.

Die Einführung von AdSense:

Ein Wendepunkt

AdSense, das von Google entwickelte Werbeprogramm, wurde 2003 gestartet und ermöglichte es Webseitenbetreibern, durch das Einbinden von Anzeigen Einnahmen zu generieren. Als Google YouTube 2006 übernahm, lag es nahe, AdSense auch auf der Videoplattform zu integrieren. Dies war ein entscheidender Schritt, der die Grundlage für die Monetarisierung von Videos legte.

Mit AdSense konnten YouTube-Creators durch Werbeanzeigen, die vor, während oder neben ihren Videos geschaltet wurden, Geld verdienen. Diese Werbeanzeigen wurden auf Basis des Inhalts und der Zielgruppe des Videos automatisch ausgewählt und platziert. Dies bedeutete, dass YouTuber sich nicht um die Akquise von Werbepartnern kümmern mussten, sondern sich auf die Erstellung von Inhalten konzentrieren konnten.

Der Aufstieg der Partnerschaftsprogramme

Neben AdSense entwickelte YouTube eine Reihe von Partnerschaftsprogrammen, die darauf abzielten, Creators zu unterstützen und ihre Einnahmemöglichkeiten zu maximieren. Das **YouTube Partner Program** (YPP) wurde 2007 eingeführt und ermöglichte es qualifizierten Kanälen, an den Werbeeinnahmen teilzuhaben. Dies war ein bedeutender Anreiz für Content Creators, qualitativ hochwertige Videos zu produzieren und ihre Zuschauerzahlen zu steigern.

Das YPP bot nicht nur finanzielle Anreize, sondern auch Zugang zu exklusiven Ressourcen und Tools, die den Creators halfen, ihre Kanäle zu optimieren und zu wachsen. YouTube investierte in Schulungen und Workshops, um Creators zu schulen und ihnen die besten Praktiken für die Erstellung und Vermarktung von Inhalten zu vermitteln. Diese Unterstützung trug dazu bei, dass viele YouTuber ihre Leidenschaft in ein lukratives Geschäft verwandeln konnten.

Die Diversifizierung der Monetarisierungsstrategien

Während AdSense und das YouTube Partner Program zentrale Bestandteile der Monetarisierungsstrategie blieben, erkannte YouTube bald, dass eine Diversifizierung der Einnahmequellen notwendig war, um den unterschiedlichen Bedürfnissen und Ambitionen der Creators gerecht zu werden. Es wurden zusätzliche Monetarisierungsoptionen eingeführt, darunter Super Chats, Kanalmitgliedschaften und Merchandise-Integrationen.

Super Chats, die 2017 eingeführt wurden, erlaubten es Zuschauern, während Live-Streams Geld zu spenden, um ihre Nachrichten hervorzuheben. Dies bot eine neue Einnahmequelle für YouTuber und förderte gleichzeitig die Interaktion zwischen Creators und ihrer Community. Kanalmitgliedschaften ermöglichten es Fans, für exklusive Inhalte und Vorteile zu zahlen, wodurch eine direkte finanzielle Unterstützung für die Creators geschaffen wurde.

Merchandise-Integrationen ermöglichten es YouTubern, ihre eigenen Produkte über die Plattform zu verkaufen. Durch Partnerschaften mit Drittanbietern konnte YouTube eine nahtlose Integration von Online-Shops in die Kanäle der Creators ermöglichen. Dies eröffnete zusätzliche Einnahmequellen und half den Creators, ihre persönliche Marke weiter auszubauen.

Die Rolle von Werbetreibenden und Markenpartnerschaften

Werbetreibende und Marken spielten eine zentrale Rolle in der Monetarisierungsstrategie von YouTube. Die Plattform bot Unternehmen eine einzigartige Möglichkeit, ihre Zielgruppen zu erreichen und mit ihnen zu interagieren. YouTube arbeitete eng mit Werbetreibenden zusammen, um maßgeschneiderte Kampagnen zu entwickeln, die auf die spezifischen Bedürfnisse und Interessen der Nutzer zugeschnitten waren.

Markenpartnerschaften wurden ebenfalls zu einer wichtigen Einnahmequelle für YouTuber. Viele Creators gingen Kooperationen mit Unternehmen ein, um gesponserte Inhalte zu erstellen, die ihre Authentizität und Kreativität bewahrten. Diese Partnerschaften boten nicht nur finanzielle Vorteile, sondern auch die Möglichkeit, die Reichweite und Glaubwürdigkeit der Creators zu erhöhen.

Herausforderungen und Kontroversen

Trotz des Erfolgs der Monetarisierungsstrategien war der Weg nicht frei von Herausforderungen und Kontroversen. Die Einführung von Werbeanzeigen führte zu Diskussionen über die Balance zwischen kommerziellen Interessen und der Nutzererfahrung. YouTube musste sicherstellen, dass die Werbeanzeigen relevant und nicht störend waren, um die Zuschauer nicht zu verärgern.

Die Frage der Monetarisierung von kontroversen oder unangemessenen Inhalten führte ebenfalls zu Debatten. YouTube implementierte Richtlinien und Algorithmen, um sicherzustellen, dass Werbeanzeigen nur auf geeigneten Inhalten platziert wurden. Dies führte jedoch gelegentlich zu Missverständnissen und Beschwerden von Creators, deren Videos fälschlicherweise demonetarisiert wurden.

Die Zukunft der Monetarisierung auf YouTube

Die Monetarisierungsstrategien von YouTube entwickeln sich ständig weiter, um den sich ändernden Bedürfnissen der Creators und Werbetreibenden gerecht zu werden. Neue Technologien und Trends bieten ständig neue Möglichkeiten, Einnahmen zu generieren. Die Einführung von Virtual Reality (VR) und Augmented Reality (AR) eröffnet beispielsweise neue Potenziale für immersive Werbeerlebnisse.

YouTube bleibt bestrebt, eine Plattform zu bieten, die sowohl Creators als auch Werbetreibenden Vorteile bietet. Die kontinuierliche Verbesserung der Monetarisierungsoptionen und die Förderung einer fairen und transparenten Umgebung sind zentrale Ziele, um das Wachstum und den Erfolg der Plattform langfristig zu sichern.

Zusammenfassung:

Die Entwicklung von Werbemodellen und Partnerschaftsprogrammen war entscheidend für den wirtschaftlichen Erfolg von YouTube. Durch die Integration von AdSense und die Einführung diversifizierter Monetarisierungsstrategien konnte YouTube eine nachhaltige Einnahmequelle für Content Creators schaffen. Die Zusammenarbeit mit Werbetreibenden und Marken sowie die Unterstützung der Creators durch Schulungen und Ressourcen trugen dazu bei, dass YouTube zu einer der erfolgreichsten und einflussreichsten Plattformen weltweit wurde. Trotz der Herausforderungen bleibt YouTube bestrebt, innovative Wege zu finden, um die Monetarisierung weiter zu verbessern und die Plattform für alle Beteiligten wertvoller zu machen.

YouTube und die Kultur: Einfluss auf Musik, Film und Fernsehen - Wie YouTube die Medienlandschaft verändert hat

YouTube hat seit seiner Gründung im Jahr 2005 nicht nur das Internet revolutioniert, sondern auch tiefgreifende Veränderungen in der traditionellen Medienlandschaft bewirkt. Eine der bemerkenswertesten Entwicklungen ist der Aufstieg von YouTube-Stars, die es geschafft haben, die Grenze zwischen digitalen und traditionellen Medien zu überwinden. Diese Talente haben die Musik-, Film- und Fernsehindustrie nachhaltig geprägt und neu definiert, wie Künstler entdeckt und gefördert werden.

Die Macht der Musikvideos:

Von YouTube auf die große Bühne

Eines der eindrucksvollsten Beispiele für YouTubes Einfluss auf die Musikindustrie ist der Aufstieg von Justin Bieber. 2007 begann seine Mutter, Videos von Biebers Auftritten auf YouTube hochzuladen. Der damals 13-jährige Sänger wurde schnell zu einer Internet-Sensation. Sein außergewöhnliches Talent und die virale Verbreitung seiner Videos erregten die Aufmerksamkeit von Scooter Braun, einem Musikmanager, der Biebers Karriere aufbaute und ihn zu einem globalen Popstar machte. Biebers Erfolg demonstrierte die Macht von YouTube als Plattform für die Entdeckung und Förderung musikalischer Talente, unabhängig von traditionellen Medienkanälen.

Ähnlich verhielt es sich mit Künstlern wie Shawn Mendes, der seine Karriere mit Cover-Songs auf YouTube startete und mittlerweile zu einem der bekanntesten Popstars gehört. Die Plattform ermöglichte es ihm, eine große Fangemeinde aufzubauen, bevor er von einem großen Plattenlabel unter Vertrag genommen wurde. Diese Beispiele zeigen, wie YouTube die traditionellen Wege der Musikkarriere grundlegend verändert hat, indem es jungen Talenten eine direkte und weitreichende Bühne bot.

Filmstars von morgen:

YouTuber erobern Hollywood

YouTube hat nicht nur die Musikindustrie verändert, sondern auch neue Wege in die Filmwelt eröffnet. Liza Koshy, eine der bekanntesten YouTuberinnen, begann ihre Karriere mit humorvollen Videos auf der Plattform. Ihre kreative Energie und ihr komödiantisches Talent brachten ihr eine riesige Fangemeinde ein. Diese Popularität öffnete ihr die Türen zu Hollywood, wo sie in Filmen und Fernsehsendungen mitspielte und sogar als Moderatorin bei renommierten Veranstaltungen wie den MTV Video Music Awards fungierte.

Ein weiteres Beispiel ist Bo Burnham, der seine Karriere als YouTuber begann und später als Komiker und Filmemacher große Erfolge feierte. Seine einzigartige Mischung aus Musik, Humor und gesellschaftlicher Kritik fand nicht nur auf YouTube Anklang, sondern auch auf der großen Leinwand. Burnham schrieb und inszenierte den gefeierten Film ›Eighth Grade‹, der mehrfach ausgezeichnet wurde und ihm Anerkennung in der Filmindustrie einbrachte.

YouTube und das Fernsehen:

Neue Stars für alte Formate

Auch das Fernsehen hat von YouTube-Stars profitiert, die frischen Wind in traditionelle Formate brachten. Lilly Singh, bekannt als ›Superwoman‹ auf YouTube, startete ihre Karriere mit Comedy-Sketches und inspirierenden Vlogs. Ihre charismatische Persönlichkeit und ihr enormes Talent führten dazu, dass sie eine eigene Late-Night-Show auf NBC erhielt, ›A Little Late with Lilly Singh‹. Singh war damit eine der ersten Frauen und die erste Person indischer Abstammung, die eine solche Show moderierte, und sie brachte ihre einzigartige Perspektive und ihren YouTube-Style in die Fernsehwelt ein.

Auch Grace Helbig, eine weitere prominente YouTuberin, fand ihren Weg ins Fernsehen. Ihre humorvollen und authentischen Videos brachten ihr eine treue Fangemeinde ein, was letztlich zu einer eigenen Talkshow auf dem E! Network führte. Helbig bewies, dass YouTube-Stars in der Lage sind, erfolgreich in die Welt des Fernsehens zu wechseln und traditionelle Medienformate zu beleben.

Der kulturelle Wandel:

YouTube als Talentpool

YouTube hat nicht nur einzelne Karrieren gefördert, sondern auch einen kulturellen Wandel in der Medienlandschaft bewirkt. Die Plattform hat gezeigt, dass Talent und Kreativität nicht auf traditionelle Wege beschränkt sind. Junge Menschen weltweit sehen nun YouTube als eine echte Chance, ihre Träume zu verwirklichen und in der Unterhaltungsindustrie Fuß zu fassen. Die Demokratisierung der Medienproduktion hat die Barrieren für den Zugang zu globalem Publikum gesenkt und eine neue Ära der Kreativität eingeläutet.

Zusammenfassung:

Die Erfolgsgeschichten von YouTube-Stars, die es in die traditionelle Medienwelt geschafft haben, sind ein starkes Zeugnis für die transformative Kraft der Plattform. YouTube hat die Art und Weise, wie Talente entdeckt und gefördert werden, grundlegend verändert. Es hat eine Brücke zwischen der digitalen und der traditionellen Medienwelt geschlagen und gezeigt, dass die Zukunft der Unterhaltungsindustrie in der nahtlosen Integration beider Welten liegt. Diese Entwicklung hat nicht nur die Medienlandschaft bereichert, sondern auch Millionen von jungen Menschen inspiriert, ihre kreativen Fähigkeiten zu nutzen und ihre eigenen Wege in der Welt des Entertainments zu finden.

Kontroversen und Herausforderungen: Kritik und Skandale - Maßnahmen und Strategien von YouTube zur Bewältigung dieser Herausforderungen

YouTube, als eine der größten Video-Plattformen der Welt, steht nicht nur im Rampenlicht für seine Erfolge und Innovationen, sondern auch für die zahlreichen Kontroversen und Herausforderungen, die mit der Verwaltung einer so riesigen Menge an Inhalten einhergehen. Urheberrechtsverletzungen, Fake News und Inhalte für Erwachsene sind nur einige der Probleme, die die Plattform in ihrer Geschichte bewältigen musste. Die Maßnahmen und Strategien von YouTube, um diesen Herausforderungen zu begegnen, zeigen die Komplexität und den ständigen Anpassungsbedarf in der digitalen Welt.

Urheberrechtsverletzungen:

Der Kampf um geistiges Eigentum

Von Beginn an war die Frage des Urheberrechts eine der größten Herausforderungen für YouTube. Die Plattform bot Nutzern eine einfache Möglichkeit, Videos hochzuladen und zu teilen, was jedoch auch dazu führte, dass urheberrechtlich geschütztes Material ohne Erlaubnis verbreitet wurde. Dies brachte YouTube schnell in Konflikt mit Rechteinhabern aus der Musik-, Film- und Fernsehindustrie.

Zur Bewältigung dieser Herausforderung entwickelte YouTube das Content ID-System, ein automatisiertes Erkennungssystem, das 2007 eingeführt wurde. Mit Content ID können Rechteinhaber ihre Werke in einer Datenbank registrieren. Hochgeladene Videos werden dann mit dieser Datenbank abgeglichen, und wenn eine Übereinstimmung gefunden wird, können die Rechteinhaber entscheiden, ob sie das Video entfernen, monetarisieren oder die Nutzung anderweitig verwalten möchten. Content ID war eine bahnbrechende Lösung, die es YouTube ermöglichte, Millionen von Videos automatisch zu überprüfen und Urheberrechtsansprüche effizienter zu verwalten.

Trotz dieser Maßnahmen blieb die Herausforderung bestehen, da immer wieder neue Wege gefunden wurden, urheberrechtlich geschütztes Material hochzuladen. YouTube musste kontinuierlich in die Verbesserung und Verfeinerung von Content ID investieren und gleichzeitig transparente und faire Prozesse für die Nutzer schaffen, die fälschlicherweise markiert wurden.

Fake News und Desinformation:

Die Verantwortung einer globalen Plattform

Mit dem Aufstieg von Social Media und der wachsenden Bedeutung von Online-Video-Plattformen wurde die Verbreitung von Fake News und Desinformation zu einem globalen Problem. YouTube war keine Ausnahme und sah sich mit der Herausforderung konfrontiert, Inhalte zu überwachen und zu regulieren, die falsche oder irreführende Informationen verbreiteten.

YouTube implementierte verschiedene Strategien, um diese Herausforderung zu bewältigen. Eine davon war die Änderung des Empfehlungsalgorithmus, um die Verbreitung von Fake News einzudämmen. Videos, die gegen die Richtlinien der Plattform verstießen oder als Desinformation identifiziert wurden, wurden aus den Empfehlungslisten entfernt, wodurch ihre Sichtbarkeit und Verbreitung reduziert wurde.

Zudem arbeitete YouTube eng mit Faktenprüfern und vertrauenswürdigen Nachrichtenquellen zusammen, um genaue Informationen zu fördern. In Fällen von Desinformation über wichtige Themen wie Gesundheit oder Wahlen wurden Hinweise und Links zu verlässlichen Quellen direkt unter den Videos eingeblendet. Diese Maßnahmen sollten den Nutzern helfen, fundierte Entscheidungen zu treffen und den Einfluss von Fake News zu minimieren.

Inhalte für Erwachsene:

Schutz der jüngeren Nutzer

Ein weiteres heikles Thema war die Verbreitung von Inhalten für Erwachsene und deren Zugänglichkeit für jüngere Nutzer. Da YouTube eine Plattform ist, die von Menschen aller Altersgruppen genutzt wird, war es entscheidend, Mechanismen zu entwickeln, um den Zugang zu unangemessenen Inhalten zu beschränken.

YouTube führte mehrere Maßnahmen ein, um dieses Problem anzugehen. Eine davon war die Einführung von Altersbeschränkungen. Videos, die als ungeeignet für jüngere Zuschauer eingestuft wurden, erforderten eine Altersverifizierung, bevor sie angesehen werden konnten. Darüber hinaus wurden solche Videos aus den Suchergebnissen und Empfehlungen für nicht verifizierte Nutzer entfernt.

Um den Schutz weiter zu verbessern, entwickelte YouTube auch YouTube Kids, eine separate App, die speziell für Kinder konzipiert wurde. Diese Plattform bietet kinderfreundliche Inhalte und ermöglicht Eltern, die Nutzungszeit und den Zugriff auf bestimmte Inhalte zu steuern. Durch diese Maßnahmen konnte YouTube eine sicherere Umgebung für seine jüngsten Nutzer schaffen.

Zusammenarbeit mit Regierungen und Organisationen

Die Bewältigung dieser Herausforderungen erforderte nicht nur interne Maßnahmen, sondern auch die Zusammenarbeit mit Regierungen und internationalen Organisationen. YouTube beteiligte sich an verschiedenen Initiativen und arbeitete mit Regulierungsbehörden zusammen, um Richtlinien zu entwickeln, die den Schutz von Nutzern und Rechteinhabern gewährleisten.

Ein Beispiel dafür ist die Zusammenarbeit mit der Europäischen Union bei der Umsetzung der Richtlinie über audiovisuelle Mediendienste, die strengere Regeln für den Schutz von Minderjährigen und die Bekämpfung von Hassreden und Desinformation festlegte. YouTube verpflichtete sich, diese Richtlinien zu befolgen und kontinuierlich Maßnahmen zu ergreifen, um ihre Plattform sicherer und vertrauenswürdiger zu machen.

Technologische Innovationen und Künstliche Intelligenz

Neben regulatorischen und kollaborativen Maßnahmen setzte YouTube stark auf technologische Innovationen, um die Herausforderungen zu bewältigen. Der Einsatz von **K**ünstlicher **I**ntelligenz (KI) und maschinellem Lernen spielte eine zentrale Rolle bei der Erkennung und Entfernung von problematischen Inhalten.

KI-Algorithmen wurden entwickelt, um Videos in Echtzeit zu analysieren und unangemessene Inhalte zu identifizieren. Diese Technologien ermöglichten es, schneller und effizienter auf

Verstöße zu reagieren. Zudem wurden Systeme zur kontinuierlichen Verbesserung der Genauigkeit und Effizienz dieser Algorithmen implementiert, um den dynamischen und sich ständig weiterentwickelnden Herausforderungen gerecht zu werden.

Transparenz und Kommunikation mit den Nutzern

Ein entscheidender Faktor bei der Bewältigung dieser Herausforderungen war die Transparenz und die Kommunikation mit den Nutzern. YouTube erkannte, dass es wichtig war, die Nutzer über Änderungen und Maßnahmen zu informieren und ihnen die Möglichkeit zu geben, Feedback zu geben.

Regelmäßige Updates im YouTube-Blog und auf den Social-Media-Kanälen der Plattform hielten die Community über neue Richtlinien, technologische Verbesserungen und strategische Entscheidungen auf dem Laufenden. Zudem wurde ein umfangreiches Hilfecenter eingerichtet, das Informationen und Unterstützung zu den verschiedenen Herausforderungen und Maßnahmen bot.

Zusammenfassung:

YouTube hat im Laufe seiner Geschichte zahlreiche Herausforderungen und Kontroversen bewältigt, die mit der Verwaltung einer der größten Video-Plattformen der Welt einhergehen. Durch die Entwicklung innovativer Technologien, die Zusammenarbeit mit Regierungen und Organisationen sowie die kontinuierliche Anpassung und Verbesserung von Richtlinien und Prozessen hat YouTube gezeigt, dass es bereit ist, Verantwortung zu übernehmen und eine sichere und faire Umgebung für alle Nutzer zu schaffen. Diese Bemühungen sind ein fortlaufender Prozess, der die Fähigkeit von YouTube demonstriert, auf neue Herausforderungen zu reagieren und die Plattform kontinuierlich zu verbessern.

Regulierung und Ethik: Die Verantwortung von YouTube - Ethik und Selbstregulierung im Umgang mit problematischen Inhalten

YouTube, als weltweit führende Video-Plattform, steht in einer einzigartigen Position. Einerseits bietet es unzähligen Menschen die Möglichkeit, ihre Kreativität und Meinungen frei zu äußern; andererseits muss es sicherstellen, dass diese Freiheit nicht zu Missbrauch und Schaden führt. Die Balance zwischen freier Meinungsäußerung und Verantwortung ist ein zentraler Aspekt der ethischen und selbstregulativen Maßnahmen, die YouTube ergreift, um problematischen Inhalten entgegenzuwirken.

Die ethische Grundlage von YouTube

Die ethischen Prinzipien von YouTube basieren auf der Idee, dass die Plattform ein sicherer und inklusiver Ort für alle Nutzer sein soll. Dies bedeutet, dass Inhalte, die Hass, Gewalt, Desinformation oder andere schädliche Auswirkungen haben könnten, identifiziert und verwaltet werden müssen. Die Herausforderung besteht darin, diese problematischen Inhalte zu erkennen und angemessen darauf zu reagieren, ohne die Freiheit der Meinungsäußerung unnötig einzuschränken.

Selbstregulierung:

Ein dynamischer Prozess

Selbstregulierung ist für YouTube ein fortlaufender und dynamischer Prozess. Dies umfasst die Entwicklung und Anpassung von Community-Richtlinien, die klar definieren, welche Inhalte auf der Plattform erlaubt sind und welche nicht. Diese Richtlinien decken ein breites Spektrum ab, von Hassrede und Mobbing über Fehlinformationen bis hin zu gewalttätigen oder expliziten Inhalten.

YouTube setzt auf eine Kombination aus Technologie und menschlicher Überprüfung, um diese Richtlinien durchzusetzen. Automatisierte Systeme, die auf künstlicher Intelligenz und maschinellem Lernen basieren, scannen hochgeladene Videos auf potenziell problematische Inhalte. Diese Systeme sind darauf trainiert, spezifische Muster und Schlüsselwörter zu erkennen, die auf Verstöße hinweisen könnten. Wenn ein solches Video identifiziert wird, wird es entweder sofort entfernt oder zur weiteren Überprüfung an ein menschliches Moderatorenteam weitergeleitet.

Ethik in der Moderation

Die menschlichen Moderatoren von YouTube spielen eine entscheidende Rolle in diesem Prozess. Sie beurteilen Videos, die von den automatisierten Systemen als problematisch markiert wurden, und entscheiden, ob diese Videos tatsächlich gegen die Richtlinien verstoßen. Diese Arbeit ist nicht nur technisch anspruchsvoll, sondern auch emotional belastend, da Moderatoren regelmäßig mit extremen und verstörenden Inhalten konfrontiert werden.

Um die ethischen Standards hochzuhalten, erhalten Moderatoren umfassende Schulungen und Unterstützung. Sie arbeiten nach klaren und detaillierten Richtlinien, die sicherstellen sollen, dass ihre Entscheidungen konsistent und fair sind. Zudem wird regelmäßig Feedback eingeholt und die Richtlinien werden entsprechend angepasst, um neuen Herausforderungen gerecht zu werden.

Herausforderungen der Ethik und Selbstregulierung

Eine der größten Herausforderungen in der Selbstregulierung ist die Skalierbarkeit. Bei Milliarden von hochgeladenen Videos ist es eine enorme Aufgabe, alle Inhalte effektiv zu überwachen und sicherzustellen, dass die Richtlinien eingehalten werden. Trotz fortschrittlicher Technologien und einem großen Team von Moderatoren bleibt das Risiko bestehen, dass problematische Inhalte durch die Maschen schlüpfen.

Ein weiteres ethisches Dilemma ist die Definition dessen, was als problematisch gilt. Kulturen, gesellschaftliche Normen und Gesetze unterscheiden sich weltweit, was die Festlegung einheitlicher Richtlinien erschwert. YouTube muss eine Balance finden zwischen globalen Standards und der Berücksichtigung lokaler Besonderheiten. Dies kann zu Spannungen führen, insbesondere wenn lokale Regierungen und Gemeinschaften unterschiedliche Ansichten darüber haben, welche Inhalte akzeptabel sind.

Fallstudien und ethische Dilemmata

Ein bemerkenswertes Beispiel für die Herausforderungen, denen YouTube gegenübersteht, ist der Umgang mit Desinformation und Verschwörungstheorien. Insbesondere in Zeiten von Krisen, wie der COVID-19-Pandemie, stieg die Verbreitung von Fehlinformationen dramatisch an. YouTube musste schnell und entschlossen handeln, um die Verbreitung falscher Informationen zu verhindern, die die öffentliche Gesundheit gefährden könnten.

Hier zeigte sich die Komplexität ethischer Entscheidungen. YouTube führte strenge Maßnahmen ein, um Videos zu entfernen, die gefährliche Fehlinformationen verbreiteten, und arbeitete eng mit Gesundheitsorganisationen zusammen, um verlässliche Informationen zu fördern. Doch diese Maßnahmen stießen auch auf Kritik. Einige Nutzer sahen darin eine Einschränkung der Meinungsfreiheit und warfen der Plattform Zensur vor.

Ein weiteres Beispiel ist der Umgang mit Hassrede und extremistischen Inhalten. YouTube hat umfangreiche Richtlinien, um solche Inhalte zu identifizieren und zu entfernen. Doch auch hier ist der Grat zwischen Schutz der Nutzer und Einschränkung der Redefreiheit schmal. Die Plattform hat in der Vergangenheit wiederholt Anpassungen vornehmen müssen, um sicherzustellen, dass ihre Maßnahmen sowohl effektiv als auch fair sind.

Strategien für die Zukunft

Um diesen Herausforderungen besser begegnen zu können, setzt YouTube verstärkt auf Transparenz und Zusammenarbeit. Regelmäßige Transparenzberichte informieren die Öffentlichkeit über die Maßnahmen der Plattform, die Anzahl der entfernten Videos und die Gründe dafür. Diese Berichte sollen das Vertrauen der Nutzer stärken und zeigen, dass YouTube sich seiner Verantwortung bewusst ist.

Darüber hinaus sucht YouTube aktiv den Dialog mit Nutzern, Experten und Regulierungsbehörden. Durch diese Zusammenarbeit können bessere Lösungen gefunden und die Richtlinien kontinuierlich verbessert werden. Besonders im Fokus stehen dabei die Entwicklung neuer Technologien zur Erkennung und Verwaltung problematischer Inhalte sowie die Weiterentwicklung der ethischen Standards, die dem Handeln der Plattform zugrunde liegen.

Zusammenfassung:

Die Regulierung und ethische Verwaltung von Inhalten auf YouTube ist ein komplexes und dynamisches Feld. Die Plattform hat sich der Herausforderung gestellt, eine Balance zwischen freier Meinungsäußerung und Verantwortung zu finden. Durch technologische Innovationen, menschliche Moderation, transparente Kommunikation und kontinuierliche Anpassung der Richtlinien arbeitet YouTube daran, eine sichere und inklusive Umgebung für alle Nutzer zu schaffen. Die ständige Auseinandersetzung mit neuen Herausforderungen zeigt, dass Ethik und Selbstregulierung bei YouTube keine statischen Konzepte sind, sondern ein fortlaufender Prozess, der ständige Aufmerksamkeit und Anpassung erfordert.

Technologische Zukunft: Innovationen und Entwicklungen - Visionen und Pläne für die Weiterentwicklung von YouTube

YouTube hat sich seit seiner Gründung im Jahr 2005 von einer einfachen Video-Sharing-Plattform zu einem globalen Mediengiganten entwickelt. Die Reise der Plattform ist jedoch weit davon entfernt, abgeschlossen zu sein. Die kommenden Jahre versprechen, die Art und Weise, wie wir Videos konsumieren, erstellen und teilen, durch bahnbrechende Technologien wie Künstliche Intelligenz (KI), Virtual Reality (VR) und andere Zukunftstechnologien weiter zu transformieren.

Künstliche Intelligenz:

Der Motor der nächsten Generation

Künstliche Intelligenz spielt bereits eine zentrale Rolle in der Funktionsweise von YouTube. Algorithmen bestimmen, welche Videos empfohlen werden, wie Inhalte moderiert werden und welche Anzeigen geschaltet werden. In Zukunft wird die Rolle der KI noch bedeutender werden. Visionen für die Weiterentwicklung der Plattform beinhalten fortschrittlichere KI-Systeme, die in der Lage sind, Nutzerpräferenzen noch genauer zu verstehen und personalisierte Inhalte mit bisher unerreichter Präzision zu liefern.

Diese Systeme könnten nicht nur die Empfehlung von Videos revolutionieren, sondern auch die Art und Weise, wie Videos erstellt und bearbeitet werden. Imagine eine Zukunft, in der KI-basierte Tools Content Creators dabei unterstützen, ihre Videos zu schneiden, Effekte hinzuzufügen und sogar Drehbücher zu schreiben. Diese Technologien könnten die Produktionszeit drastisch verkürzen und den kreativen Prozess vereinfachen, wodurch eine noch größere Vielfalt an Inhalten entsteht.

Virtual Reality:

Ein neues Zeitalter des Erlebens

Virtual Reality steht an der Schwelle dazu, das Videoerlebnis grundlegend zu verändern. YouTube hat bereits erste Schritte in diese Richtung unternommen, indem es 360-Grad-Videos und VR-Unterstützung eingeführt hat. Die Vision für die Zukunft ist jedoch weitaus ambitionierter. In den kommenden Jahren könnte YouTube zu einer Plattform werden, auf der Nutzer nicht nur Videos ansehen, sondern in immersive Welten eintauchen.

Stellen Sie sich vor, ein Musikvideo nicht nur zu sehen, sondern es in VR zu erleben, als wären Sie bei einem Live-Konzert dabei. Oder einen Dokumentarfilm über das Great Barrier Reef zu schauen und das Gefühl zu haben, tatsächlich unter Wasser zu tauchen. Diese Art von Erlebnissen könnte das Potenzial haben, das Nutzerengagement erheblich zu steigern und neue

Möglichkeiten für Content Creators zu eröffnen, die ihre Geschichten auf eine völlig neue Weise erzählen können.

Augmented Reality:

Erweiterung der Realität

Neben VR wird auch Augmented Reality (AR) eine wichtige Rolle in der Weiterentwicklung von YouTube spielen. AR-Technologien könnten es ermöglichen, interaktive und kontextbezogene Inhalte direkt in das reale Umfeld der Nutzer zu integrieren. Imagine, ein Kochvideo anzusehen und dabei zu sehen, wie die Zutaten in Ihrer eigenen Küche erscheinen, oder ein Reparaturvideo zu verfolgen, während die Anweisungen direkt auf das defekte Gerät projiziert werden.

Diese Technologie hat das Potenzial, die Art und Weise, wie wir mit Videos interagieren, grundlegend zu verändern, indem sie eine Brücke zwischen der digitalen und der physischen Welt schlägt. AR könnte auch im Bildungsbereich eine Revolution auslösen, indem es Schülern und Studenten ermöglicht, komplexe Konzepte und historische Ereignisse auf eine greifbare und interaktive Weise zu erleben.

Blockchain-Technologie:

Sicherheit und Transparenz

Ein weiterer technologischer Bereich, der die Zukunft von YouTube beeinflussen könnte, ist die Blockchain-Technologie.

Blockchain hat das Potenzial, Transparenz und Sicherheit auf der Plattform zu erhöhen. Durch die Implementierung von Blockchain-basierten Systemen könnte YouTube sicherstellen, dass Inhalte authentisch und unverändert sind, was besonders wichtig im Kampf gegen Fake News und Urheberrechtsverletzungen ist.

Blockchain könnte auch neue Wege der Monetarisierung eröffnen. Content Creators könnten von Mikrozahlungen und dezentralen Werbesystemen profitieren, die die Abhängigkeit von traditionellen Werbemodellen verringern und eine direktere und gerechtere Vergütung ermöglichen.

5G und die Zukunft der Konnektivität

Die Einführung von 5G-Netzwerken wird ebenfalls eine Schlüsselrolle in der Weiterentwicklung von YouTube spielen. Mit den höheren Geschwindigkeiten und der geringeren Latenzzeit von 5G wird es möglich sein, hochauflösende Videos in Echtzeit zu streamen, was insbesondere für Live-Übertragungen und interaktive Inhalte von Bedeutung ist. Diese Technologie könnte auch die Verbreitung von VR- und AR-Inhalten erleichtern, indem sie eine nahtlose und qualitativ hochwertige Nutzererfahrung ermöglicht.

Nachhaltigkeit und soziale Verantwortung

Neben technologischen Innovationen wird auch das Thema Nachhaltigkeit und soziale Verantwortung in der Zukunft von YouTube eine immer größere Rolle spielen. Die Plattform hat die Möglichkeit, durch den Einsatz energieeffizienter Technologien und die Unterstützung umweltfreundlicher Initiativen einen Beitrag zum Umweltschutz zu leisten. Darüber hinaus wird YouTube weiterhin daran arbeiten, eine positive und inklusive Online-Community zu fördern, indem es Maßnahmen zur Bekämpfung von Hassrede, Mobbing und anderen schädlichen Verhaltensweisen ergreift.

Zusammenfassung:

Eine Zukunft voller Möglichkeiten

Die technologische Zukunft von YouTube ist reich an Möglichkeiten und Potenzial. Durch die Integration von KI, VR, AR, Blockchain und 5G wird die Plattform nicht nur ihre Funktionalität und Nutzererfahrung verbessern, sondern auch neue Wege eröffnen, wie Inhalte erstellt, geteilt und konsumiert werden. Diese Innovationen werden YouTube in die Lage versetzen, seine Position als führende Video-Plattform zu festigen und gleichzeitig neue Horizonte zu erkunden.

In einer Welt, die sich ständig weiterentwickelt, bleibt YouTube bestrebt, an der Spitze der technologischen Entwicklungen zu stehen und gleichzeitig ethische und soziale Verantwortung zu übernehmen. Die Visionen und Pläne für die Weiterentwicklung der Plattform versprechen eine spannende und transformative Zukunft, in der die Grenzen des Möglichen immer weiter verschoben werden.

YouTube und die Gesellschaft: Einfluss auf Politik und soziale Bewegungen - Die Macht und Verantwortung der Plattform

YouTube, eine Plattform, die ursprünglich dazu gedacht war, Videos zu teilen und zu entdecken, hat sich zu einem mächtigen Instrument entwickelt, das tief in die gesellschaftlichen und politischen Strukturen unserer Welt eingreift. Die immense Reichweite und die zugängliche Natur von YouTube haben es zu einem zentralen Schauplatz für politische und soziale Bewegungen gemacht. Diese Entwicklung wirft jedoch auch Fragen zur Macht und Verantwortung der Plattform auf.

Von den Straßen auf die Bildschirme:

Die Demokratisierung der Medien

Einer der bedeutendsten Aspekte von YouTube ist seine Fähigkeit, traditionelle Medienstrukturen zu durchbrechen und Stimmen zu Gehör zu bringen, die sonst ungehört bleiben würden. Während Mainstream-Medien oft von großen Unternehmen und politischen Interessen beeinflusst werden, bietet YouTube eine Plattform, auf der Individuen und kleinere Gruppen ihre Botschaften direkt an ein globales Publikum senden können. Diese Demokratisierung der Medienlandschaft hat es Aktivisten und Bürgerjournalisten ermöglicht, wichtige Themen und Missstände aufzuzeigen, die andernfalls ignoriert worden wären.

Beispiele hierfür sind zahlreich: Die Occupy Wall Street-Bewegung nutzte YouTube, um ihre Proteste zu dokumentieren und die Aufmerksamkeit auf wirtschaftliche Ungleichheit zu lenken. Ebenso spielten Videos von Polizeigewalt und Protesten im Zuge der Black Lives Matter-Bewegung eine entscheidende Rolle dabei, weltweite Aufmerksamkeit zu erregen und Diskussionen über Rassismus und Polizeireform anzustoßen. Diese Bewegungen zeigen, wie YouTube als Katalysator für soziale und politische Veränderungen dienen kann, indem es Informationen verbreitet und Menschen mobilisiert.

Die Kehrseite der Medaille:

Desinformation und Extremismus

Doch mit dieser Macht kommt auch eine immense Verantwortung. YouTube steht oft in der Kritik, weil die Plattform auch zur Verbreitung von Desinformation und extremistischen Inhalten genutzt wird. Die Algorithmen, die entwickelt wurden, um Nutzern relevante Inhalte vorzuschlagen, können unbeabsichtigt die Verbreitung von Verschwörungstheorien und Hassreden fördern, indem sie solche Inhalte aufgrund ihrer hohen Klickrate und Verweildauer bevorzugen.

Ein prominentes Beispiel ist die Verbreitung von Verschwörungstheorien rund um die COVID-19-Pandemie. Videos, die

Fehlinformationen über das Virus und Impfungen verbreiteten, erzielten Millionen von Aufrufen und hatten erhebliche Auswirkungen auf die öffentliche Meinung und das Verhalten. Diese Entwicklungen haben nicht nur das Vertrauen in wissenschaftliche Institutionen untergraben, sondern auch die globale Gesundheitskrise verschärft.

YouTube hat auf diese Herausforderungen mit einer Reihe von Maßnahmen reagiert, darunter die Förderung vertrauenswürdiger Quellen, die Kennzeichnung von problematischen Inhalten und die Entfernung von Videos, die gegen die Gemeinschaftsrichtlinien verstoßen. Dennoch bleibt die Balance zwischen Meinungsfreiheit und der Bekämpfung schädlicher Inhalte eine komplexe und fortwährende Herausforderung.

Politische Kampagnen und digitale Aktivität:

Ein zweischneidiges Schwert

Auch politische Akteure haben die Macht von YouTube erkannt und nutzen die Plattform intensiv für Wahlkampagnen und politische Kommunikation. Videos, die Wahlkampfreden, politische Debatten und sogar Live-Streaming von Wahlveranstaltungen zeigen, sind zu einem festen Bestandteil moderner Wahlkämpfe geworden. YouTube ermöglicht es Kandidaten, direkt mit Wählern zu kommunizieren und ihre Botschaften ohne die Filterung durch traditionelle Medien zu verbreiten.

Gleichzeitig birgt diese Entwicklung Risiken. Die Verbreitung politischer Werbung und Inhalte kann zur Polarisierung beitragen, indem sie oft emotionale und kontroverse Themen aufgreift, um Aufmerksamkeit zu erregen. Zudem hat die Möglichkeit, gezielt Werbung zu schalten und bestimmte demografische Gruppen anzusprechen, Bedenken hinsichtlich der Transparenz und Fairness von Wahlen aufgeworfen.

Die Macht der Gemeinschaft:

Solidarität und Mobilisierung

Auf der positiven Seite hat YouTube es auch ermöglicht, Solidarität und Gemeinschaft zu stärken. Während Naturkatastrophen, Krisen und humanitäre Notlagen haben Videos auf YouTube oft zu schnellen und weitreichenden Reaktionen geführt. Spendenaufrufe, informative Videos über die Lage vor Ort und die Dokumentation von Hilfsmaßnahmen haben dazu beigetragen, weltweite Unterstützung zu mobilisieren.

Ein eindrucksvolles Beispiel ist die weltweite Reaktion auf das Erdbeben in Haiti 2010. Videos, die die Verwüstung und den Bedarf an humanitärer Hilfe zeigten, führten zu einer Welle der Solidarität und erheblichen Spendensummen. Diese Fähigkeit, Gemeinschaften zusammenzubringen und kollektive Aktionen zu fördern, zeigt die positive Macht, die YouTube in der Gesellschaft entfalten kann.

Zusammenfassung:

Eine Plattform in der Verantwortung

Die Rolle von YouTube in der Gesellschaft ist komplex und vielschichtig. Als Plattform, die einen tiefgreifenden Einfluss auf Politik und soziale Bewegungen hat, trägt YouTube eine enorme Verantwortung. Die Balance zwischen der Förderung freier Meinungsäußerung und dem Schutz der Gesellschaft vor schädlichen Inhalten bleibt eine der größten Herausforderungen.

YouTube muss kontinuierlich an der Verbesserung seiner Algorithmen und Richtlinien arbeiten, um sicherzustellen, dass die Plattform ein sicherer und konstruktiver Raum für den Austausch von Ideen bleibt. Gleichzeitig müssen Nutzer und die Gesellschaft als Ganzes wachsam und kritisch bleiben, um die Vorteile von YouTube zu maximieren und die negativen Aspekte zu minimieren.

Die Geschichte von YouTube ist daher nicht nur eine Geschichte technologischer Innovation und unternehmerischen Erfolgs, sondern auch eine Geschichte über Macht, Verantwortung und die fortwährende Suche nach einem Gleichgewicht in einer sich ständig verändernden digitalen Landschaft.

Ausblick: Die Zukunft von YouTube - Zusammenfassung der bisherigen Entwicklung und Erfolge

Seit seiner Gründung im Jahr 2005 hat YouTube eine beispiellose Entwicklung durchlaufen. Von den ersten, unscharfen Videos zu einer Plattform, die Milliarden von Menschen weltweit anspricht und unzählige Stunden an Inhalten beherbergt, hat YouTube die Art und Weise, wie wir Videos konsumieren, grundlegend verändert. Diese Entwicklung wurde durch die kontinuierliche Einführung technischer Innovationen, die Anpassung an sich verändernde Nutzerbedürfnisse und die erfolgreiche Integration in die globale Medienlandschaft geprägt. Angesichts dieser beeindruckenden Geschichte stellt sich die Frage: Wohin wird sich YouTube in der Zukunft entwickeln?

Technologische Innovation und die nächste Generation

Technologie wird weiterhin eine treibende Kraft hinter YouTubes Entwicklung sein. Bereits jetzt experimentiert die Plattform mit künstlicher Intelligenz und maschinellem Lernen, um die Nutzererfahrung zu verbessern. In Zukunft könnten diese Technologien noch tiefgreifender in den Betrieb von YouTube integriert werden. Von personalisierten Empfehlungen, die auf noch komplexeren Algorithmen basieren, bis hin zu neuen Formen der Content-Moderation, die besser zwischen schädlichen und harmlosen Inhalten unterscheiden können – die Möglichkeiten sind nahezu endlos.

Virtual Reality (VR) und Augmented Reality (AR) stehen ebenfalls im Fokus zukünftiger Entwicklungen. YouTube könnte sich zu einer Plattform weiterentwickeln, die immersive Videoerlebnisse bietet, bei denen Nutzer das Gefühl haben, tatsächlich Teil des Geschehens zu sein. Live-Events, Konzerte und sogar Bildungsinhalte könnten durch VR und AR eine neue Dimension erhalten, die weit über das herkömmliche Videoformat hinausgeht.

Monetarisierung und wirtschaftlicher Einfluss

Die Monetarisierung wird weiterhin ein zentrales Element von YouTube bleiben. Während AdSense und Partnerschaftsprogramme bereits jetzt bedeutende Einnahmequellen darstellen, könnte die Plattform in Zukunft neue Wege der Monetarisierung erschließen. Direkte Zahlungen von Zuschauern an Content-Ersteller, Premium-Abonnementmodelle und exklusiver Content für zahlende Mitglieder sind nur einige der Möglichkeiten, die das wirtschaftliche Potenzial von YouTube weiter steigern könnten.

Darüber hinaus könnte YouTube eine noch größere Rolle im E-Commerce-Bereich spielen. Die Integration von Einkaufsmöglichkeiten direkt in Videos, bei denen Zuschauer Produkte kaufen können, die sie in Tutorials oder Unboxings sehen, könnte die Art und Weise, wie wir online einkaufen, revolutionieren. Diese Verschmelzung von Unterhaltung und Handel könnte YouTube zu einem zentralen Akteur im digitalen Marktplatz machen.

Gesellschaftlicher Einfluss und ethische Verantwortung

Die gesellschaftliche Verantwortung von YouTube wird in den kommenden Jahren noch stärker in den Fokus rücken. Die Plattform steht vor der Herausforderung, eine Balance zwischen freier Meinungsäußerung und der Bekämpfung von Desinformation, Hassreden und schädlichen Inhalten zu finden. Die Entwicklung effektiverer Selbstregulierungsmechanismen und die Zusammenarbeit mit Regierungen und anderen Institutionen werden entscheidend sein, um YouTubes Rolle als verantwortungsbewusste Plattform zu stärken.

Zudem könnte YouTube eine noch größere Rolle im Bildungsbereich übernehmen. Bereits jetzt nutzen viele Lehrende und Lernende die Plattform für Bildungszwecke. In Zukunft könnte YouTube zu einer der wichtigsten Ressourcen für Online-Lernen werden, mit speziell entwickelten Tools und Funktionen, die den Bildungsprozess unterstützen. Partnerschaften mit Bildungseinrichtungen und die Entwicklung von zertifizierten Kursen und Programmen könnten diesen Trend weiter verstärken.

Globale Expansion und kulturelle Integration

Die Internationalisierung von YouTube hat bereits dazu geführt, dass die Plattform in vielen Ländern der Welt fest verankert ist. Zukünftig wird es entscheidend sein, die Plattform weiter an lokale Märkte anzupassen, kulturelle Besonderheiten zu berücksichtigen und Inhalte in einer Vielzahl von Sprachen bereitzustellen. Dies könnte durch den Einsatz fortschrittlicher Übersetzungs- und Synchronisationstechnologien unterstützt werden, die es ermöglichen, Inhalte für ein globales Publikum zugänglich zu machen, ohne die kulturelle Authentizität zu verlieren.

YouTube könnte auch eine stärkere Rolle bei der Förderung kultureller Vielfalt spielen, indem es Content-Ersteller aus unterrepräsentierten Gemeinschaften unterstützt und ihnen eine Plattform bietet, ihre Geschichten zu erzählen. Diese Förderung der kulturellen Vielfalt könnte nicht nur zu einem reichhaltigeren Inhaltsspektrum führen, sondern auch zur Stärkung des sozialen Zusammenhalts und der interkulturellen Verständigung beitragen.

Zusammenfassung:

Ein Blick in die Zukunft

Die Zukunft von YouTube ist voller Potenzial und Herausforderungen. Die Plattform wird sich weiterentwickeln, an neue Technologien anpassen und sich in einem sich ständig verändernden digitalen Umfeld behaupten müssen. Während YouTube seine technologische und wirtschaftliche Stärke ausbaut, bleibt die Frage nach seiner gesellschaftlichen Verantwortung zentral. Die Art und Weise, wie YouTube diese Balance findet, wird entscheidend dafür sein, wie die Plattform in der

Zukunft wahrgenommen wird und welchen Einfluss sie auf die Welt hat.

YouTube hat bereits gezeigt, dass es in der Lage ist, sich anzupassen und zu wachsen. Die kommenden Jahre werden zeigen, ob die Plattform ihre Vision einer inklusiven, innovativen und verantwortungsbewussten Community weiterverfolgen kann. Mit einem klaren Fokus auf technologische Fortschritte, wirtschaftliche Nachhaltigkeit und gesellschaftliche Verantwortung steht YouTube vor einer vielversprechenden, wenn auch herausfordernden Zukunft. Die Geschichte dieser Plattform ist noch lange nicht zu Ende geschrieben, und die kommenden Kapitel versprechen, ebenso spannend und bedeutsam zu werden wie die bisherigen.

Über den Autor

Lutz Spilker wurde im Jahre 1955 in Duisburg geboren.

Bevor er zum Schreiben von Romanen und Dokumentationen fand, verließen bisher unzählige Kurzgeschichten, Kolumnen und Versdichtungen seine Feder.

In seinen Büchern befasst er sich vorrangig mit dem menschlichen Bewusstsein und der damit verbundenen Wahrnehmung. Seine Grenzen sind nicht die, welche mit der Endlichkeit des Denkens, des Handelns und des Lebens begrenzt werden, sondern jene, die der empirischen Denkform noch nicht unterliegen.

Es sind die Möglichkeiten des Machbaren, die Dinge, welche sich allein in der Vorstellung eines jeden Menschen darstellen und aufgrund der Flüchtigkeit des Geistes unbewiesen bleiben. Die Erkenntnis besitzt ihre Gültigkeit lediglich bis zur Erlangung einer neuen und die passiert zu jeder weiteren Sekunde.

Die Welt von Lutz Spilker beginnt dort, wo zu Beginn allen Seins nichts Fassbares war, als leerer Raum. Kein Vorne, kein Hinten, kein Oben und kein Unten. Kein Glaube, kein Wissen, keine Moral, keine Gesetze und keine Grenzen. Nichts.

In Lutz Spilkers Romanen passieren heimtückische Morde ebenso wie die Zauber eines Märchens. Seine Bücher sind oftmals Thriller, Krimi, Abenteuer, Science Fiction, Fantasy und selbst Love-Story in einem.

»Ich liebe die Sprache: Sie vermag zu streicheln, zu liebkosen und zu Tränen zu rühren. Doch sie kann ebenso stachelig sein, wie der Dorn einer Rose und mit nur einem Hieb zerschmettern.«

In dieser Reihe sind bisher erschienen

Die Erfindung der Langeweile
Die Erfindung des Menschen
Die Erfindung des Geldes
Die Erfindung des Teufels
Die Erfindung des Erfolgs
Die Erfindung der Sterblichkeit
Die Erfindung der Lüge
Die Erfindung der Freiheit
Die Erfindung des Todes
Die Erfindung der Welt
Die Erfindung des Inselmenschen
Die Erfindung der Zeit
Die Erfindung der Seele
Die Erfindung der Politik
Die Erfindung des Gewissens
Die Erfindung der Religion
Die Erfindung der Schuld
Die Erfindung der Gerechtigkeit
Die Erfindung des Friedens
Die Erfindung des Selbstgesprächs
Die Erfindung der Zukunft
Die Erfindung der Pornographie
Die Erfindung der Verschwendung
Die Erfindung des Erwachsenseins
Die Erfindung der Hölle
Die Erfindung der Überbevölkerung
Die Erfindung des Himmels
Die Erfindung der Monarchie
Die Erfindung der Unterhaltung
Die Erfindung der Sprache
Die Erfindung der Musik
Die Erfindung der Wiedergeburt

Die Erfindung des Zufalls
Die Erfindung der Namen
Die Erfindung des Bewusstseins
Die Erfindung des freien Willens
Die Erfindung des Wahrsagens
Die Erfindung der Körpersprache
Die Erfindung des Schlafs
Die Erfindung der Sklaverei
Die Erfindung der Angst
Die Erfindung der reinen Vernunft
Die Erfindung des Vollmonds
Die Erfindung des Vitamin B
Die Erfindung des Make-Up
Die Erfindung des Weihnachtsfestes
Die Erfindung des Ku-Klux-Klan
Die Erfindung des Träumens
Die Erfindung der Flaschenpost
Die Erfindung der Mafia
Die Erfindung der Freimaurer
Die Erfindung der Freibeuter
Die Erfindung der Raumfahrt
Die Erfindung der Tempelritter
Die Erfindung des ADHS-Syndroms
Die Erfindung der Homöopathie
Die Erfindung der Freizeitparks
Die Erfindung des Jenseits
Die Erfindung der Bibel
Die Erfindung der Medien
Die Erfindung der Pyramiden
Die Erfindung des Astralkörpers
Die Erfindung des Werwolfs
Die Erfindung der Schwüre und Eide
Die Erfindung der Hexen
Die Erfindung der Weltreisen
Die Erfindung des Zölibats
Die Erfindung des Herkules
Die Erfindung der Sintflut

Die Erfindung des westlichen Weltbildes
Die Erfindung des Vampirs
Die Erfindung der Philosophie
Die Erfindung des Bieres
Die Erfindung des Ungeheuers von Loch Ness
Die Erfindung der Prä-Astronautik
Die Erfindung des Voodoo
Die Erfindung des Stierkampfs
Die Erfindung des Sinns des Lebens
Die Erfindung des Einhorns
Die Erfindung der Zeugen Jehovas
Die Erfindung von Atlantis
Die Erfindung der Geister
Die Erfindung des Gähnens
Die Erfindung der politischen Parteien
Die Erfindung der Bundeslade
Die Erfindung der Atombombe
Die Erfindung der Lernlandschaft
Die Erfindung des Multitasking
Die Erfindung des Besserwissers
Die Erfindung des Humors
Die Erfindung von All you can eat
Die Erfindung von Facebook
Die Erfindung von YouTube